サッカー育成改革論

本田裕一郎
流通経済大学付属柏高等学校
サッカー部 監督

KANZEN

まえがき

世界との差を縮めるためにも改善点は沢山ある

今、日本のサッカー界は大きな分岐点を迎えている。日本のサッカー界はプロ化から25年が経ちました。様々なところで検証され、まさに不易流行へと変化していくべきです。良いところは残し、変えるべきところは変えていかなくてはならないでしょう。

1975年から高校生を指導して約40年。まさに激動の時代と言っていいほどサッカー界は激変しました。新任当初の頃は土のグランドが当たり前で、生徒にはラインカーやトンボが必需品。昼休みの時間には、グランド整備とボール磨きが当たり前の時代でした。

指導者にとっては、海外や国内の先端指導の情報も少なく、自分たちが教わって来たことや実績を残している先輩たちから学ぶことがほとんどで、一年365日休みのない状態でした。それは美談でしかなく、実践では鉄拳制裁が繰り返される日々。半端のない先輩後輩の関係も当時の強化に関係したように思えます。メンタルを鍛えることと、年間に数多くの試合経験を積むことが中心の時代でした。

今は、人工芝や天然芝のグランドが当たり前のように増え、他の高校生も同じだと思いますが、私が指導している流経柏の生徒たちは、3年間、土のグランドで練習・試合をするわけではありません。ボールは買った時のまま、時々空気を入れるぐらい。石灰やラインカーの存在も知らない子たちがいるほどです。

私が初任の頃指導した先輩たちには、羨ましい限りの環境になりました。指導においても、サッカー界の鉄拳制裁はほかのどの競技よりも早くなくなりました。週に一度の休息日を設け、練習時間もかなり短縮され、練習内容もたくさんの情報や研修、講習の機会が増え、かなりの速度で進化してきたと思います。

とはいえ、競技としての世界の評価は196カ国中、50から60位を行ったり来たりであり、夢見る順位からはほど遠く、まだまだと感じざるを得ません。

２０１８年ロシアワールドカップでは、難しい状況ながらよく頑張ったと健闘を称えて評価するのか、私のように非常に悔しい、情けない負け方であったと評価するのか、二分するところでしょう。

この激動の中、私は30年前から毎年、ブラジル・アルゼンチン・ウルグアイに通い、現在はドイツにも４年連続で通っておりますが、いつも世界との差を肌で感じて帰ってきます。

世界を見て特に感じることは、各国のユース育成年代に対する力の入れようです。先ごろ訪れたドイツでは、ロシアワールドカップで一次リーグ敗退にもかかわらず、代表の検証もさることながら、話題はむしろユース年代育成の検証に力をかけていると感じました。バスティアン・シュバインシュタイガー・フィリップ・ラームを輩出したバイエルン・ミュンヘンのアカデミー（ユース、ジュニアユース、ジュニア）は、２０１７年に本体とは全く別に90億円をかけて、30ヘクタール（東京ドーム約６個強分）の敷地に、育成専用のバイエルン・キャンパスを作り、すでに稼働しており、見学もさせてもらいました。その巨大施設には、U―９からU―19までの男女ユースチームと8人制サッカーのコートが完備され、バイエルンU－17とU－19がリーグ戦で使用する2500人収容のスタジアムもありました。トレーニング用グランド6面、体育館、スタッフ用のオフィス、レストラン風の食堂、全てが完備された施設です。日本のどこのJリーグクラブも敵わない育成専用施設でした。

さらにバスケットボール、ハンドボール用のコートも併設され、スタッフ用のオフィスや遠隔地から来ている選手用のアパートなどもありました。

練習風景を見ても、日本代表選手がフィジカルトレーニングで使っているハートレートモニターをアカデミーの選手もつねに装着し、心肺機能や走行距離などのデータを計測。そのうえで科学的なアプローチが施されていました。日本の場合、ユース年代でこうした装置を使いながら練習をしているところはほとんどない。我々も導入を検討していますが、簡易的なものでも1つ3万円かかるため、なかなか簡単ではありません。ただ、選手を大きく伸ばそうと思うなら、こうした装置は必要です。

実際、バイエルンのユース年代の選手は当たり前のように計測器具を使って、自分のフィジカル的な特徴を把握しながら、長所を伸ばし、短所を補っている。サッカーに集中できる環境で、選手たちは最高のトレーニングを積み重ねているのです。

こういった差を目の当たりにすると、日本の育成環境や方法の遅れを認めざるを得ません。選手にはできるだけ早く海外に出て行ってほしいとも思います。今、文部科学省も優秀な子供たちを海外に送り出そうという政策を進めていますが、特にサッカー界はそうすべき。沢山の人間が世界へ出て行って、這い上がってくる人間を増やさなければいけません。

先のロシアワールドカップに話を戻しますが、海外で活躍する選手の台頭は目を見張るものがありました。しかしながら、その分母はあまりにも数が少なすぎるし、海外で活躍する候補選手が2倍から3倍に増やすことがまず大事でしょう。そのためにも、これからのユース年代で優秀な選手はどんどん海外に出るべきだと考えます。余談ですが、若い指導者もどんどん海外に出るべきです。国内でS級の資格を取っても海外では通用しないのです。これは朗報ですが、近年は海外でライセンスを取り、現地でコーチしている勇気ある若い日本人指導者が、何人かいます。僅かですがそういった指導者が出てきたことは、やがて日本サッカーの力になるはずです。

S級資格を持っている指導者の中にも、〝海外経験もない〟〝言葉も喋れない〟〝ペーパーS級指導者〟〝全く力を出せないS級指導者〟という指導者がまだまだいて、これらに対して警鐘を鳴らし改善されない限り、日本人指導者の進化は望めません。

ラグビーの元日本代表監督であったエディー・ジョーンズさんが、「ジャパンウェイ」という言葉をラグビー界に残しました。サッカー界にもやがて自然にジャパンズ・ウェイを浸透させることができるでしょう。

そのためにも、時代を待つのではなく、今何をしたい、今何をすべきかを考えながら日本サッカーを進化させるための行動をとっていくべきだと感じます。

日本をよくするために改革すべき点は数多くある。

それを今から1つ1つ、提言していきたいと思います。

サッカー育成改革論　目次

第二章 指導改革
～選手たちのためにできること～

本書に登場する選手・監督などの所属は２０１８年11月25日時点のものとする。

序章

日本サッカーを振り返る

～指導の歴史を積み重ねていくために～

これまで「学閥」が形成されてきた日本サッカー界

2018年ロシアワールドカップで、西野朗監督率いる日本代表が2大会ぶりのベスト16進出を果たしました。

本番2カ月前にヴァイッド・ハリルホジッチ監督が更迭され、急造チームで挑んだ大会でしたが、下馬評を覆す成果を残したことに敬意を払いたいと思います。キャプテンの長谷部誠（フランクフルト）や本田圭佑（メルボルン）といったベテラン選手をうまく生かしつつ、選手の自主性を引き出したチーム作りも評価されるべきです。ワールドカップに参戦した過去の日本代表であそこまで選手の意見や考え方を尊重したチームは初めてだったかもしれない。そこが西野監督の手腕の高さなのでしょう。

そのロシアの戦いぶりを日本サッカー協会が分析し、高円宮杯プレミアリーグに参加しているチームの指導者にフィードバックする機会がありましたが、最もインテンシティーの高かった試合はベルギー戦だと協会は位置付けていました。

原口元気（ハノーファー）と乾貴士（ベティス）のゴールで2―0とリードした日本が勝利一歩手前まで行ったのは事実です。ただ、最終的に3点を奪われて逆転負けを喫しただけでなく、内容的にも足りない部分があったのではないかと感じます。

それはパススピードです。

日本のパスはことごとくカットされ、相手のカウンターの餌食になっていました。Jリーグとドイツ・ブンデスリーガのパススピードを見ても、明らかに違いがある。

日本代表の主力もドイツなやスペインなど欧州トップリーグでプレーする選手が何人かいましたが、ベルギーはエデン・アザール（チェルシー）、ケヴィン・デブライネ（マンチェスター・シティ）を筆頭に最高峰クラブ所属選手がズラリと並んでいた。そのレベル差を再認識した方がいいと思います。

ロシアの後、西野監督が退任し、ワールドカップでコーチを務めた森保一監督が日本代表を引き継ぎました。森保監督は2020年東京五輪を目指すU―21日本代表を兼務するということで、共通したコンセプトを持ってチーム強化を進められるというメリットがあります。

私が指摘したパススピードの問題にしても、世界基準と照らしあいながら、どうやって向上させるかを考えていくはず。そのあたりは森保監督ならしっかりとやってくれると期待しています。

そもそも森保監督は本物のプロフェッショナルの指揮官。日本サッカー界はこれまで早稲田大学や東京教育大学（現筑波大学）出身者を中心に「学閥」が形成されてきました。ワールドカップを経験した数少ない日本人である岡田武史監督（FC今治代表）と西野監督はともに早稲田出身。それを見ても、過去の伝統が伺えると思います。

森保監督はこうした系譜と一線を画している。地元・長崎の長崎日本大学高校を出て、日本サッカーリーグ（JSL）のマツダ（現サンフレッチェ広島）入りを果たし、たたき上げで日本代表まで上り詰めた選手でした。引退後も少年からユース、トップまで全てのカテゴリーを経験し、J1を3回優勝するという傑出した結果を残してきました。そうやってサッカー一直線に突き進んできた人物が学閥関係なしに代表監督になったのは、やはり特筆すべき点。日本サッカー界も新たな時代に突入したという印象を受けます。

そこまでたどり着いた日本サッカーですが、私は現時点を「第3期の途中」と位置付けています。

自分が考える「第1期」は1968年のメキシコ五輪銅メダル以前。1973年にイングランドからサッカーが伝えられ、1878年に体操伝習所（のちの東京高等師範学校体操専修科）が創設され、サッカーが教科の1つに取り入れられたのが、日本サッカーの始まりでした。1918年に高校サッカー選手権大会の前身となる「第一回日本フートボール優勝大会」（大阪・豊中）が開催され、1921年に大日本蹴球協会（現日本サッカー協会）が設立されました。そして1936年にベルリン五輪に初出場し、日本の世界への挑戦が本格的にスタートします。

その流れを一気に加速させたのが、1960年の故デットマール・クラマーさんの招聘でした。西ドイツサッカー協会でユース代表監督を務め、フランツ・ベッケンバウアーを抜擢するなどの功績を残した名指導者を日本に招いたことは、協会の大英断でした。

年	月	内容
1990	8	高円宮杯全日本ユース(U-18)選手権大会がスタート
1991	11	社団法人日本プロサッカーリーグ設立(11月1日)。初代チェアマンに川淵三郎が就任
1992	3	日本代表初の外国人監督にハンス・オフト(オランダ)が就任
1992	9	Jリーグ初の公式戦となるJリーグヤマザキナビスコカップを開催
1993	5	Jリーグ開幕
1993	10	カタール・ドーハで行われたFIFAワールドカップ(アメリカ)アジア地区最終予選で本大会出場を逸す<ドーハの悲劇>
1996	7	U-23日本代表がアトランタオリンピックで優勝候補のブラジルを破る<マイアミの奇跡>が、8強入りならず。日本女子代表もグループリーグ敗退
1997	6	日本初のサッカーナショナルトレーニングセンター、Jヴィレッジ(福島)がオープン
1998	3	ジュニアユース審判資格制度、ユース審判資格制度を新設
1998	4	各種指導者養成講習会の講師を養成するJFAインストラクター制度を導入
1998	6	日本代表、FIFAワールドカップ(フランス)に初出場 (3戦全敗でグループリーグ敗退)。日本代表、FIFAワールドカップ(フランス)に初出場 (3戦全敗でグループリーグ敗退)
1999	4	U-20日本代表が、第10回FIFAワールドユース選手権(ナイジェリア)で準優勝
2000	9	U-23日本代表、シドニーオリンピック出場。ベスト8入り
2002	5	アジア初のFIFAワールドカップを韓国と共同開催。日本代表は出場2回目にしてベスト16入りを果たす
2003	3	地域における新たなリーグ戦となるJFAプリンスリーグU-18を創設
2003	4	世界基準を目指す選手の育成を目的にJFAエリートプログラムをスタート
2004	4	「JFA公認指導者登録制度」を導入
2006	4	エリート育成機関「JFAアカデミー福島」を開校
2007	4	JFAこころのプロジェクトをスタート。サッカー選手をはじめ、各競技のアスリートらを“夢先生(ユメセン)”に、全国の小学校(高学年)で「夢の教室」を開始
2011	4	高円宮杯全日本ユース(U-18)選手権大会が全国リーグ方式に再編され、「高円宮杯U-18サッカーリーグ プレミアリーグ」としてスタート
2011	6	FIFA 女子ワールドカップ(ドイツ)でなでしこジャパンが世界女王となる
2011	8	全日本少年サッカー大会が8人制サッカーに変更される
2012	1	FIFAバロンドール2011で、澤穂希がFIFA女子年間最優秀選手賞を、佐々木則夫監督が女子年間最優秀監督賞を、日本サッカー協会がFIFAフェアプレー賞を受賞
2012	4	Jリーグ、クラブライセンス制度を導入
2014	4	U-17日本女子代表がFIFA U-17女子ワールドカップで優勝
2018	8	U-20日本女子代表がFIFA U-20女子ワールドカップで優勝

※ 日本サッカー協会公式HPより

日本サッカーの歩み

年	月	内容
1873		イングランドサッカー協会創設から10年後、英国海軍教官団のA.L.ダグラス少佐と海軍将兵が来日。東京築地の海軍兵学寮（のちの海軍兵学校）で日本人の海軍軍人に訓練の 余暇としてサッカーを教えた（これが、日本でサッカーが紹介された最初というのが定説になっている）
1878		体操伝習所（のちの東京高等師範学校体操専修科）が創設され、教科の一つにサッカーが取り入れられる
1888		日本最古の対抗戦と言われるインターポートマッチ（港対抗戦）が開催される（横浜カントリー・アンド・アスレチック・クラブ（YC&AC）と神戸レガッタ・アンド・アスレチック・クラブ（KR&AC）が対戦）
1918		全国高校サッカー選手権大会の前身となる日本フートボール大会（大阪・豊中）や東海蹴球大会（愛知・名古屋）、関東蹴球大会（東京）など多くの大会が開催される
1921	9	大日本蹴球協会（現、日本サッカー協会/JFA)創立。初代会長に今村次吉就任
1936	8	日本代表がベルリンオリンピックに出場。日本代表の竹内悌三主将は入村式で旗手を務めた。3-2でスウェーデンに勝利 ＜ベルリンの奇跡＞。この試合で川本泰三がオリンピックでの日本人初ゴールを記録。チームはベスト8進出
1946	11	第1回国民体育大会開催
1950	9	国際サッカー連盟(FIFA)に再加盟
1954	10	アジアサッカー連盟（AFC）に加盟
1956	11	竹腰重丸監督率いる日本代表がメルボルンオリンピックに出場
1959	4	日本の提案によりアジアユース選手権がスタート。日本ユース代表は3位に
1960	8	西ドイツサッカー協会のデットマール・クラマーをコーチと して招聘することを決め、高橋英辰日本代表監督とともに、東京オリンピックに向けた強化に取り組む
1964	10	平木隆三主将率いる日本代表が、東京オリンピックに出場。3-2でアルゼンチンに勝利し、ベスト8入り
1966	8	全国高等学校総合体育大会にサッカー競技が加わる
1968	10	長沼健監督、岡野俊一郎コーチ率いる日本代表が、メキシコオリンピックに出場し、銅メダルを獲得 。同年にFIFAが新設したFIFAフェアプレー賞を受賞
1969	7	第1回FIFAコーチング・スクール開校
1974	8	財団法人化。日本蹴球協会が財団法人 日本サッカー協会に名称変更
1977	8	全国から優秀な選手を集めた育成制度、セントラル・トレーニング・センターをスタート（1980年より、ナショナルトレーニングセンター制度に）
1977	8	全日本少年サッカー大会がスタート（地域協会より推薦された32チームが出場）
1977	10	古河電工の奥寺康彦が1FCケルン（ドイツ）入り。日本人プロ第1号
1979	8	FIFAワールドユース・トーナメント（現、FIFAU-20ワールドカップ）を日本で開催。アルゼンチンが優勝、ディエゴ・マラドーナがMVPに輝く
1989	12	高円宮杯全日本ジュニアユース（U-15）サッカー選手権大会（現、高円宮杯全日本ユース（U-15）サッカー選手権大会）がスタート

クラマーさんの下でコーチを務めた岡野俊一郎元協会会長らスタッフを育て、釜本邦茂さん（元日本サッカー協会副会長）や杉山隆一さん（現静岡県サッカー協会副会長）など選手を大きく伸ばし、ＪＳＬ発足などの提言（１９６５年発足）を行ったことが、のちの成功につながっていることを我々は決して忘れてはならない。１９６４年東京五輪でのベスト8、メキシコ五輪銅メダルというのは、偉業といってもいい成績だったと思います。

森保監督がメキシコ五輪の開催された年に生まれたのも何かの縁かもしれません。いずれにしても、ここまでの「第１期」を知る人はすでに少なくなっているだけに、より多くの人に再認識してほしいと思います。

Ｊリーグ発足、そしてワールドカップ出場

これに続く「第2期」は１９６８年から、日本が１９９８年フランス大会でワールドカップ初出場を果たすまでの30年間。日本サッカー界にとっては冬の時代が大半を占めています。メキシコ五輪の後、日本は国際大会から遠ざかり、ア

ジアの壁に阻まれ続けました。

１９７０年代にはナショナルトレーニングセンター（ナショナルトレセン）がスタートし、全日本少年サッカー大会（現全日本U－12サッカー選手権大会）が発足。高校選手権も首都圏開催に移行し、１９７９年にはワールドユース（現U－20ワールドカップ）が日本で開催されるなど画期的な出来事が続きましたが、日本代表は低迷から脱することができませんでした。

１９８０年代もその流れが続きました。１９８６年メキシコワールドカップはアジア最終予選まで勝ち上がり、韓国戦で木村和司さん（現解説者）が伝説となる25m直接FKを決めたのに世界に届かず、１９８８年ソウル五輪アジア最終予選でもホーム・国立競技場での中国戦でまさかの敗戦。またも世界への道は途絶えました。

この時代は高校選手権ブームが起きていて、毎年1月は国立競技場に6万人超ものサッカーファンが押し寄せる状況になっていましたが、JSLも日本代表戦も閑古鳥が鳴き、選手が燃え尽き症候群に陥るケースも少なくなかったと思います。

こうした停滞感を打破したのが、１９９３年のＪリーグ発足でした。プロサッカーリーグの誕生は多くの選手や指導者、子供たちに夢を与え、かつてないほどのサッカーブームが到来しました。同時期にハンス・オフト監督率いる日本代表が躍進を遂げ、アジア最終予選まで勝ち上がったことも、サッカーへの関心度を高めました。

しかし１９９３年10月28日の最終戦・イラクでの２―２という「ドーハの悲劇」が起き、日本は１９９４年アメリカワールドカップの夢を断たれてしまいます。このピッチに森保監督は立っていた。そういう人物が代表監督になることは、大きな意味があると感じます。

こうした長い苦難を経て、日本は世界への扉をこじ開けました。

まず育成年代のＵ―17代表が自国開催だった１９９３年Ｕ―17世界選手権（予選免除）に出場。Ｕ―20代表が１９９５年ワールドユース（カタール）に切符を勝ち取り、８強入りを達成。翌１９９６年にはＵ―23日本代表が28年ぶりのアトランタ五輪出場を果たしました。

その流れがＡ代表を後押しし、１９９７年11月16日にイランとのアジア第３代表決定戦を3－2で勝利するという「ジョホールバルの歓喜」へとつながった。この全ての世界大会に中田英寿氏が出場し、1998年フランスワールドカップの日本代表をけん引したのが好例ですが、Jリーグ発足と育成のテコ入れが実った成果だと私は捉えています。

そして「第3期」はワールドカップ常連国になった1998年以降。あれから日本は、2002年日韓、2006年ドイツ、2010年南アフリカ、2014年ブラジル、今回のロシアと6大会連続で世界舞台に立ち、3回もベスト16入りした。8強の壁はまだ超えられていませんが、かなり近いところまで来ている。ベルギーに2点をリードしたあの戦いからそういう手ごたえをつかんだ人も多いでしょう。

この先の「第4期」以降がどうなるかはまだ分かりませんが、右肩上がりの軌跡を描き続けるために重要視しなければならないのが選手育成です。

サッカーの発展に育成年代の指導は必ず重要となる

１９９０年代以降の急激な成長もユース年代の指導者が地道な努力を続け、優れた選手を送り出そうと努力してきたからこそ、現在の成功があるのです。実際、高校サッカー界には賞賛されるべき名将が数多くいました。

かつて藤枝東を率いた長池実先生を筆頭に、帝京を指揮した古沼貞雄監督、清水東を指導した勝沢要監督、静岡学園の井田勝通監督（現バンレオール岡部ＧＭ）など、１９６０年～80年代にかけての高校サッカー人気を引っ張った方々は確かにいました。彼らに追いつけ追い越せと日本全国の指導者が刺激を受け、切磋琢磨していった。九州をけん引した島原商業・国見を率いた小嶺忠敏監督、鹿児島実業を強豪校へのし上げた松澤隆司監督、名門・清水市立商業（現清水桜ケ丘）の大滝雅良さんは有名ですし、私やシゲ（斎藤重信＝盛岡商業総監督）もその中の１人でしょう。

１９９３年以降はＪリーグクラブにアカデミーが発足し、Ｊユースカップなどの大会も新設され、Ｊと高校がともに戦う高円宮杯全日本ユース選手権（現在は高円宮杯プレミアリーグへ移行）なども熱を帯びるようになりましたが、やはり火付け役は高校サッカーの名将たちでした。

ピッチ上の指導のみならず、人間教育にも重点を置いたことで、タフで逞しい選手が高校から出てきているのは紛れもない事実。過去6回のワールドカップに出場した日本代表選手もその出身者が大勢を占めています。Ｊ発足から25年が経過し、才能ある少年たちがＪクラブのアカデミーに行きたがる今もその傾向が続いているのは不思議な気もしますが、現実はしっかりと受け止めておくべきだと思います。

こうした日本サッカーの歴史を踏まえなければ、日本サッカーの改革、そして育成面の改革を考えることはできません。２００２年日韓大会からもすでに16年が経過し、あの熱狂と興奮を知らないＪリーガーも増えている今だけに、我々サッカーの携わる全ての人間が先人たちの努力に敬意を払うこと。そこから始めていくことが肝要ではないでしょうか。

第一章

環境改革

～変えるべき問題がそこにはある～

「武道」と「スポーツ」の違い

日本では長年、「武道」が身体鍛錬の中心的手段でした。

主要武道9連盟が加盟する日本武道協議会によれば、「武道とは、武士道の伝統に由来する我が国で体系化された武技の修錬による心技一如の運動文化です。柔道、空手道、剣道、相撲、弓道、合気道、少林寺拳法、なぎなた、銃剣道などを修錬し、心技体を一体として鍛え、人格を磨き、道徳心を高め、礼節を尊重する態度を養う、国家、社会の平和と繁栄に寄与する人間形成の道」だと定義しています。「武士道に由来する」という一節がある通り、武道には長い歴史と伝統があります。

それぞれの身体鍛錬はそもそも「自分の身を守る護身術」というところからスタートし、発展してきました。そのためには精神統一が非常に重視され、いかにして精神面を強化していくかという点にフォーカスされていったと私は捉えています。

こうしたものを全く異なる「スポーツ」が入ってきたのが明治時代以降でした。サッカーについても、慶應義塾大学のソッカー部、早稲田大学のア式蹴球部（アソシエーションフットボール）などができ、日本全国に広まっていきました。

そういった歴史的背景を見ても、「武道」と「スポーツ」は異なります。

さらに言うと、我々が今、携わっているサッカーには競争や競技性があり、娯楽的な意味合いも含んでいる。楽しさや喜びもあります。そういった要素も武道との違いではないかと感じます。

両者の相違を如実に示している一例が、柔道のカラー柔道着問題でしょう。

1998年から国際柔道連盟が主催する五輪、世界選手権、ワールドカップなどの国際大会でカラー柔道着が採用されることになりましたが、全日本柔道連盟は当初、大反対していました。

その理由は次のようなものでした。

「白い柔道着は柔道の本質である清い心の象徴であり、伝統を重んじるべきだ」「白は『心が濁っていない』という精神的な意味合いが込められている」

他にも「白とそれ以外の柔道着を持ち歩くのは負担が大きい」「テニスのウィ

ンブルドン選手権ではウエアが白と決まっている」などといった主張もしたようですが、日本人の伝統や魂、精神のことを重んじていたのは明らかです。

しかし「合理性」を重んじる欧米には、そのような考え方は理解されませんでした。彼らの言う「観戦者に分かりやすい」「どちらが技をかけたか見やすくなり、誤審が減る」といった主張はサッカーでは当たり前のこと。スポーツという観点から考えれば、その方向に傾くのはむしろ当然ですが、武道に携わる人間の考え方は違うのだと痛感させられました。

今の日本のスポーツ界は異なるルーツの2つが共存し、融合する形で現在に至っているわけですが、まだまだ武道の影響が強いというのが私の印象です。

その最たるものが、学校の部活です。

私が高校サッカーの指導を始めた40数年前は「選手が自ら楽しんでプレーする」という概念は乏しく、指導者が言うことをひたすら忠実にやることが美徳とされる「上命下達」の環境でした。

試合に負けたり、要求したことができないと、指導者は「正座しろ」「迷走して考えろ」と罰を与える。そこに技術的な向上はないですし、競技を楽しむといった要素も皆無。単にメンタリティを鍛え上げるという目的しかない。

それを黙ってやるのが「いい生徒」であり、「いい選手」だという常識がまかり通っていました。

しかしながら、サッカー界ではその常識が年々変わってきている。海外との交流が進み、指導者や選手が外国に行く機会も増え、武道をベースとした日本のスポーツとのギャップに驚きを感じた人も多いはず。私自身もその1人です。

市原緑から習志野に赴任した直後の1980年代後半に初めて行ったアルゼンチンで受けた衝撃は、今もよく覚えています。

最初のうちは物怖じして、現地に行っただけでビビッていた選手たちが、40日間の遠征の終わりの頃になると、いろんな周りの人に声かけられるようになってくる。言葉は喋れなかったけれども、そのうち簡単な単語を並べて、スペイン語で意思疎通できるようになっていく。ピッチ上でも自ら進んで準備をし、ボール回しを始め、激しいフィジカルコンタクトや球際の中でも楽しそうにぶつかっていく。そういう選手たちの変貌を見て、真のスポーツとは何かをしみじみと感じたものです。

武道の中では、正座がきちんとできないと竹刀で背中を叩いたりするシーンもありますが、そういうアプローチでさえ、一歩間違えると体罰になります。その怖さを知ったのもアルゼンチン遠征です。アルゼンチンに遠征した時でした。

私が選手に手を上げようとしたら、アルゼンチン代表チームの下で働いていたコーチのマリアーニがすっ飛んできて「子供は宝なんだから、もっと上手に諭さなければいけません。子供を殴ったら、この国では虐待で捕まりますよ」と言われました。目からウロコが落ちた。初めて真実が見えたのです。１９８０年代の日本では、部活動の現場で手を上げることが少なくなかった。それが間違いだと気づいたことは大きかったと思います。

あれから30年が経ち、私はスペインやドイツなどサッカー大国と呼ばれる国に赴きましたが、子供たちの個性を認め、リスペクトしながら、前向きな方向に導こうとする指導者の姿勢にいつも感銘を受けています。

地域総合型スポーツクラブが人々のスポーツ活動を支えているドイツは、特にその傾向が強いように感じます。

ドイツの場合、学校に体育の授業はなく、スポーツは同クラブで行うのが基本です。もちろんサッカーだけでなく、バスケットボールやバレーボール、体操、陸上、水泳など多くの種目ができるようになっていて、専門的な勉強をしたハイレベルのコーチから指導を受けられます。

子供たちだけでなく、社会人や高齢者などあらゆる年齢層の人が参加できるようになっているのも特徴で、各人が性別や年齢・体力に応じて種目を選択でき、個人のライフステージに応じたスポーツを選ぶことも可能になっている。それだけの人が来ていれば、社会教育も自然とできますし、人間性を養うことにもつながる。まさに理想的な環境だと現地に行くたびに思います。

指導者の選手に対するアプローチも自然で、ゴールが入ったらハイタッチしたり、勝利したら一緒に抱き合って喜んだりする。自分から子供たちの中に入っていこうというスタンスが感じられます。立場は違えども、人間関係がフラットで平等であることの象徴だと思います。

けれども、日本の場合はそうではない。

今でこそ、クラブチームやスクールのコーチがフレンドリーな対応をしている姿をよく見るようになりましたが、学校の部活の場合は監督がじっと選手を睨んだり、威厳を漂わせていたりと、別格な存在であることを示そうとする傾向が強い。まるで武道の「師匠」と「弟子」の関係に近いような印象を受けます。そこは改善の余地があるのではないでしょうか。

武道が日本のスポーツにもたらしてきたものは大きいですし、それに対しての敬意は大いに払っています。ただ、精神的鍛練や上命下達に偏った指導が強すぎて、携わる人たちの自主性や積極性を失わせてきたマイナス面は否定できない。そこはしっかりと認識しなければならない点です。

一瞬一瞬の判断が全てを左右するサッカーのようなスポーツは、いち早くそういった環境から脱しなければならない。指導者の意識改革はもちろんのこと、実際にプレーする選手も自覚を持たなければならないでしょうし、現場を取り巻く保護者や地域の人々を含め、考え方を変えていく必要がある。

そういう機運を高めていくことが、サッカーを筆頭に、スポーツ全体の育成改革につながっていくのではないか。私はそう考えます。

スポーツにお金がかかりすぎる日本

厚生労働省が２０１７年に公開した「平成29年度簡易生命表」によると、日本人の平均寿命は男性が81・09歳、女性87・26歳。過去最高を更新したと報じられました。

「健康意識が高まり、生活習慣改善の取り組みが個人や企業の間で進んでいることが影響している」と同省は分析しています。つまり、それだけスポーツなどで体を動かし、健康維持に努力している人が増えているということだと思います。

ただ、スポーツ愛好者を取り巻く環境は、そこまで充実しているとは言えないと感じます。

多くの人々がスポーツをするのは、会費制のスポーツジムがメインでしょう。月１万円以上の会費を払って通うというのは、金銭的な負担が少なくありません。自治体などの安価なスポーツ教室もありますが、時間的な融通が利かなかったり、指導者のレベルが低かったり、施設の老朽化が目立つケースも少なくない。そこは気がかりな点です。

大人は自分の懐具合によってスポーツをする場所を選べるからまだいいですが、習い事をする子供たちはそうはいかない。水泳教室や体操教室、サッカー教室に行きたいと言えば、親はよりよい環境を選びたいと考えるのは当然。掛け持ちをさせる例もあるでしょう。

となれば、自ずから費用負担は重くなります。その金額は本当にバカにならないと痛感します。

サッカーは、バットやグローブなど沢山の道具を揃えなければならない野球などと違って、費用負担はまだ少ない競技。だからこそ、発展途上国でも普及し、FIFA加盟国が220カ国を超えているのでしょう。

しかし、日本の場合は幼少期からサッカースクールに通い、小学生になるとクラブや少年団に入り、優秀な子供であればJリーグクラブのアカデミーに進んだりしますから、年々コストが増大していく。

柏レイソルU−18からJリーガーになったある選手の例だと、私立高校の学費とクラブの費用、遠征費、ユニフォーム代などを含めて毎月13〜15万円のお金を払う必要があったという話ですから、どれだけ大変か分かります。

ある県のサッカー協会登録費						
種別区分		チーム登録料〈個人登録料（1人につき）〉 単位：円				
		JFA	機関紙	県協会	連盟費	計
1種	社会人	7,000〈2,000〉	5,000〈—〉	4,500〈800〉	10,500〈300〉	27,000〈3,100〉
1種	自治体	7,000〈2,000〉	5,000〈—〉	4,500〈800〉	—〈—〉	16,500〈2,800〉
1種	大学	7,000〈2,000〉	5,000〈—〉	4,500〈800〉	20,000〈—〉	36,500〈2,800〉
1種	専門学校・その他	7,000〈2,000〉	5,000〈—〉	4,500〈800〉	—〈—〉	16,500〈2,800〉
2種	高校	2,500〈1,000〉	5,000〈—〉	3,000〈500〉	16,500〈—〉	27,000〈1,500〉
2種	クラブユース	2,500〈1,000〉	5,000〈—〉	3,000〈500〉	—〈—〉	10,500〈1,500〉
3種	中学	2,500〈700〉	5,000〈—〉	2,000〈400〉	—〈—〉	9,500〈1,100〉
3種	クラブユース	2,500〈700〉	5,000〈—〉	2,000〈400〉	※〈※〉	9,500〈1,100〉
4種	少年	2,500〈700〉	5,000〈—〉	2,000〈400〉	※〈※〉	9,500〈1,100〉
4種	クラブ	2,500〈700〉	5,000〈—〉	2,000〈400〉	※〈※〉	9,500〈1,100〉
女子	一般・大学	7,000〈2,000〉	5,000〈—〉	2,500〈800〉	6,000〈—〉	20,500〈2,800〉
女子	高校・クラブユース	2,500〈1,000〉	5,000〈—〉	2,500〈500〉	6,000〈—〉	16,000〈1,500〉
女子	中学・クラブユース	2,500〈400〉	5,000〈—〉	2,000〈400〉	6,000〈—〉	15,500〈1,100〉
シニア	60歳以上	7,000〈1,500〉	5,000〈—〉	3,500〈—〉	※〈※〉	15,500〈1,500〉
シニア	59歳以下	7,000〈1,500〉	5,000〈—〉	3,500〈500〉	※〈※〉	15,500〈2,000〉

※連盟登録費は各連盟によってまた異なる

加えて、サッカーには「登録費」というものが存在します（p37図参照）。

これは、各都道府県サッカー協会が加盟しているチームから徴収するものです。各都道府県協会によって異なりますが、とある県の4種（小学生）のチーム登録費は年間9500円（日本サッカー協会分2500円、機関紙代5000円、県協会分2000円）で、1人あたりの個人登録費が1100円（日本サッカー協会分700円、県協会分400円）となっています。

チームとしては、この登録料を各都道府県協会に支払わないといけないので、少年（団）チームやクラブチームであっても、入会金や年会費、月謝などを会員から徴収し、運営していかなければなりません。

もちろんチームの規模によってまちまちではありますが、少年団やクラブチームの場合、入会費の相場は3000～8000円。年会費は5000～1万円、月謝は2000～1万円と言われます。実際のところ、年会費がかからないチームもありますし、年会費や月謝が1万円以上もかかるチームもあります。

これを高いと見るか、安いと見るかは人によって判断が分かれるでしょうが、相場の最小値を取って計算したとしても、6年間プレーすると合計17万7000

円もかかってしまう。兄弟揃ってサッカーをやっている家ならば、その2倍3倍といった金額を払うことになる。中学・高校に進めば、さらに出費はかさみます。これでは「サッカーを続けさせられない」と考える保護者が出てきても不思議はないでしょう。

翻ってドイツに目を向けてみると、バイエルン・ミュンヘンのアカデミーは選手たちの費用負担がほとんどないと聞いています。「まえがき」でも触れた「バイエルン・キャンパス」は200億円もの建設費が投じられたということですが、出資したのはドイツ最大の電話会社の「ドイツテレコム（T－mobile）」だと聞いています。

「なぜそんな企業が200億円ものお金を出すのか」

私がそんな質問を投げかけたら、現地の担当者はこう答えました。

「社会貢献活動の場合、免税になるんだ」と。

つまり、税金で200億円払うのなら、150億円をバイエルンに投じて、残り50億円を国に払う方が企業にとってはプラスだというんです。企業名を出せば宣伝にもなりますし、スポンサー企業としての価値が高まる。バイエルンという世界的ビッグクラブの育成部門をサポートしているという事実は社会的信用につながるという考えが根強いという話も耳にしました。

そもそもドイツでは、スポーツは学校でするものではなく、あくまでも地域のスポーツクラブで行うものという考え方が一般的。フェライン（Ｖｅｒｅｉｎ）と呼ばれるスポーツクラブで、子供から高齢者までが日々スポーツを楽しんでいます。その運営は地域住民や地域の企業が主体となって行い、住民のコミュニティの場としても機能しているそうです。これは、日本で言うところの非営利組織（ＮＰＯ）団体に近い存在（社会体育活動）。バイエルン・ミュンヘンも母体はフェラインであり、税制優遇の対象になるようです。

スポンサーからの投資で育成部門の環境を整備し、選手に関わる費用負担を軽減している例はバイエルンだけではありません。２０１８年9月のコスタリカ戦（大阪・吹田）で日本代表初ゴールを決めた南野拓実が所属しているレッドブル・ザルツブルクもそうです。

レッドブルという巨大飲料メーカーに支えられる同クラブは、トップ用の練習施設に5面の天然芝ピッチがあり、アカデミー用施設にも天然芝5面、人工芝3

面のトレーニング環境が整っていました。

　ここでＦＣリーフェリング（オーストリアのクラブ。レッドブル・ザルツブルクのセカンドチーム）と提携して、若い選手を育てています。今季からドイツ・ブンデスリーガ２部のホルシュタイン・キールにレンタルに出された京都サンガ出身の奥川雅也もかつて所属していました。

　２０１８年夏にはそのリーフェリングの試合も見るチャンスがありましたが、16歳の技巧派ボランチが出ていて、数年後には億単位の移籍でビッグクラブに売られる可能性が高いという話も聞きました。ドイツ・ブンデスリーガ１部の強豪・ライプツィヒとも提携しているので、そこにステップアップしても利益になる。そうやって得たお金もアカデミーの投資に回されているということなので、育成部門に所属する選手の費用負担が大幅に軽減できる。そういう仕組みは素晴らしいと感じました。

　日本のＪクラブを見ても、京都サンガなどはメインスポンサーの京セラと立命館学園の三者が核となって発足させた「スカラーアスリートプロジェクト」があります。

京都U−18所属選手は全員、選手寮「RYOUMA」に入寮でき、立命館宇治高校へ通い、専用のクラブハウスとグランドを使えるというもので、寮費・学業費用・サッカー活動費が全て無料になるという画期的なシステム。ここから久保裕也（ニュルンベルク）らが育ったという意味でも、実績を残していると言っていいかもしれません。

ただ、あくまで対象は高校生年代であり、それ以下の小学生や中学生は対象になっていません。そこまでクラブとして整備すれば、バイエルンやザルツブルクに匹敵するレベルになるのでしょうが、まだまだそこまでは手が回らないというのが実情なのでしょう。

日本の場合、最も競技人口の多い小学生年代の環境が軽視されがちという問題点がある。そこは再認識したうえで、多くのJクラブや町クラブ、少年団などのチームが何らかの打開策を講じていくべきだと思います。

学校教育が抱える弊害

学校教育と部活動の問題は以前からたびたび議論されるテーマでした。最近は「部活動の休みが少なすぎる」「もっと学業と両立できる体制に改めるべきだ」という声も高まり、ゆとりある部活運営をしていく方向にシフトしています。

２０１８年1月に行われたスポーツ庁の「運動部活動に関するガイドライン」を検討する有識者会議では、中学では休養日を週2日以上とし、1日の活動時間を平日2時間、休日3時間程度までとする指針の骨子が大筋で了承されました。

高校については１９９７年に「休養日を週1日以上設ける」という目安がすでに示されていて、それ以上に踏み込んだ提言はなかったのですが、過激すぎるトレーニングは敬遠される傾向にあると感じます。

私が指導している流経柏の場合、現在の活動時間は「週5日間で18時間（土日のいずれかは高円宮杯プレミアリーグなどがあるため）」です。1日に換算すると約3・5時間のトレーニングということになります。

2000年代の頃は週22時間（1日あたり約4・5時間）でしたから、かなり少なくなったのは確か。毎週月曜日はオフを取ることも義務付けています。流経柏に来る前の1990年代までは休みなしが当たり前でしたから、大きな変化だと認識しています。

実際、選手のコンディションやメンタル面、学業との兼ね合いを考えると、練習時間の短縮はいい方向にあるのではないかという意見です。

しかしながら、指導する側の負担が軽減したとは思えません。学校の教員である指導者は部活だけをやっていればいいのではない。私自身はすでに副校長を辞めて、教員の仕事からは一線を引いているのでまだ負担が軽いのですが、榎本雅大ヘッドコーチは毎日2〜3時間の授業を持っている。朝6〜7時から朝練習に付き合って、8時半から授業もこなし、夕方から19時頃までグランドに出るという生活は30〜40代の男性でも非常にきつい。空き時間に疲れ切った様子で部室にやってきて、仮眠している姿もよく見かけます。

それだけ体力的にも辛いのです。

加えて、遠征に行く時は大型バスも運転しなければいけません。ウチのサッカー部で大型免許を持っているのは私と榎本コーチだけ。どちらかが遠い青森や北陸まで長距離運転することでプレミアリーグや高校総体など遠隔地での試合参加が成り立っている。仮にバスの運転手を1人でも雇ってもらえたら、どれだけ指導者の仕事が軽減されるか分からない。それを理解している学校関係者は少ないのが実情だと思います。

我々が30～40代の頃は、プライベートや家庭そっちのけで、サッカーに明け暮れるのが常でした。大型バスを運転して全国を回っていた小嶺先生や古沼先生、松澤先生はその筆頭だったと思います。松澤先生は体調を崩して入院されるほどの状態にもかかわらず、点滴をぶらさげて、自らバスを運転して遠征に来たことがあったほど。

他の指導者にしてもビタミン剤や栄養剤を注射している監督は少なくなかった。それでいて、公立高校の部活動手当は1日500円。今はもうそれもなくなったと聞きましたから、ブラック企業以下の労働条件だと痛感させられます。

そんな状況では、家族のことなど、何1つできないから、妻任せになってしまう。私がバリバリの若手だった頃は、「亭主が外へ出て働き、奥さんは専業主婦として家を守る」という役割分担が明確だった時代で、まだそれで済んでいましたけど、男性でも子育てに参加する「イクメン」が当たり前になった今では到底無理です。教師1人に全てを任せるような部活動の体制はもう限界に来ています。

このままでは、学校から部活がなくなってしまう……。

そういう危惧さえ感じる、今日この頃です。

だからこそ、学業と部活を明確に切り分ける必要がある。

授業は授業、部活は部活とそれぞれの指導のスペシャリストを置くこと。

それが私の考える「文武分離」のアイディアです。

「文武分離」の実践がこれからの時代に求められる

教育改革にもつながることですが、仮に、学校側が体育指導専門教師と部活動の専門指導者を教職員の一人として別に雇ってくれるのなら、それぞれが自分の仕事に専念できます。体育の授業も単にゲームをさせたり、パターン練習をさせるだけではなくて、もっと踏み込んだ内容に取り組むことができますし、保健の授業だって通り一遍のことだけではないものに変えられると思います。

一方で、サッカー部の指導者は、トレーニングの準備に時間を使うことが可能になります。実際、バイエルンやザルツブルクのアカデミーコーチのような高度なトレーニングをしようと思ったら、付け焼刃の準備では回らない。指導者だって勉強をする必要がありますし、もっと他のチームや海外のサッカーを見て最新情報を得ることも重要になってきます。そういった時間を持てるなら、部活そのものもガラリと変わるでしょう。教科の指導が1日3時間であればそれなりの教材研究が必要です。サッカーも同じです。たとえば1日3時間の練習であれば、そのための研究時間が必要です。

Jクラブや町クラブのコーチは、指導が始まる数時間前にグランドに来て、短時間だけ働いて帰るというのが一般的ですが、学校が雇う部活専門指導者は教科の先生と同じ朝8時出勤にして、お互いの仕事に理解を深めながら、子供たちの成長を見守った方がいい。それが実現したら、学校にとってもどれほどいい環境になるか分かりません。そうやってプロフェッショナルなスタイルを確立していくことこそ、日本の学校教育の変革につながると確信しています。

「これまで1人がやっていた仕事を2つに分けるのなら、当然、コストも倍になる。そんなことは現実的ではない」と言う人ももちろんいるでしょう。

その点は私自身もよく分かっています。

そこは方法論を考えればいい。全ての人員を2倍にする必要はないのです。

例えば、高校を全て単位制にして、体育の授業を部活に振り替えにすることができれば、体育という授業を受け持つ教師は不要になります。実際、部活動を体育の授業に振り替えている学校もあると聞いています。家庭科や音楽・美術・工芸といった芸術系の科目、情報関係の科目も同じような考え方をしてもいい。その教員数を減らして、外部指導者を雇えば、当初の1・25倍か1・5倍くらいの人的規模で収まるはずです。

場合によってはもっとスリム化することも可能でしょう。そうやってアイディアを出し合いながら、コスト削減を図り、教師や指導者が働きやすい環境を作ることは十分できると思います。スポーツを文化にするためにこのような改革が必要でしょう。

公立の中学・高校の中には、少子化の影響もあって、部活動自体が成り立たないケースも少なくありません。これまでは厳格な学区制が存在したため、子供たちは行きたい学校を自分で選択できませんでした。隣の学区にサッカーの強豪校があっても、学区外に住んでいたら、そこに通うチャンスは皆無でした。Jリーガーの中にも、隣の学区にあった強豪中学校に転校するために、わざわざ学区内のアパートを借り、母親とともに別居までして、サッカーに励んだ選手もいると聞きます。こうした理不尽な現状を改善すべく、簡単な手続きで学校を自由に選べるようにすれば、生徒は自分に合った環境を選択できます。

自治体の中に拠点校を作り、A高校はサッカー、B高校はバレーボール、C高校はバスケットボールを強化しているという看板を掲げるようにすれば、選手は学校選びがしやすくなるし、指導する側も環境を整えやすくなる。そのうえで、合理化を進めていけば、スタッフを大幅に増やさなくてもいいだろうし、コストも抑えられると考えます。そういった改革に乗り出さないと、いずれ部活動が消滅する可能性もあると私は考えます。

「日本人は学校スポーツが大好きだから、そんなことは絶対にあり得ない」と反論する方もいるでしょうが、学校教員の負担が限界に来ていることだけは間違いありません。

ブラック企業をはるかに超える環境を若く未来のある教員や指導者たちに背負わせてはダメ。私は声を大にしてそのことを言いたい。約40年、学校教員とサッカー指導を両方掛け持ちしてきた人間だからこそ、主張すべきことはしなければならないと思うのです。

我々が長年、感じてきた問題意識を文部科学省も理解し、2017年度から教員の負担減少のために「部活動指導員」を制度化しました。

2018年度からは彼らの人件費の3分の1を市町村などに補助する制度をスタートさせ、4500人を配置するために5億円を確保。2019年度には1万2000人に拡充するために13億円を計上しようとしています。

国も学業と部活動を切り分ける必要性を感じ始めている。それは紛れもない事実です。カリキュラムまで踏み込んでほしいと願うばかりです。

平成が終焉を迎え、新たな時代に踏み出そうとしている今、日本はようやく「文武分離」のスタートラインに立ったと言っていいでしょう。

その13億円をどう使うかは興味深いところですが、最初はいくつかの公立高校をピックアップし、外部指導員をテスト的に置くところから始めるのでしょう。その成否を判断しながら、徐々に適応範囲を広げていくことになる。義務教育の小中学校なら市町村が予算化すべきですし、私立高校も文科省がコスト負担をしてくれるようになるかもしれない。そうなれば理想的です。

私立の高校サッカー強豪校を見ると、我々流経柏や前橋育英、青森山田などには複数のコーチがいます。このうち教員として正規採用されているのは1人か2人程度です。それ以外は学校事務職など職員的な扱いで雇用し、残りのコーチの給料は部費から出す形式が主流です。

経営的にはグレーゾーンだと思いますが、100人以上いる大所帯を切り盛りしようと考えるのなら、どうしても7～8人のスタッフを抱えなければいけません。それだけの人数がいて初めて質の高いコーチングをすることができるのです。

ただ、こうした現状の雇用形態はあくまで苦肉の策。一時しのぎでしかない。部費から給料をもらっているコーチは社会保険や健康保険にも入っていませんし、フリーターと変わりない立場です。このままでは、彼らが家庭を持ち、子供を育てて、大学まで通わせながら、習い事もさせるといった普通の生活を送ることは不可能でしょう。外部指導者が教員と同等の待遇で働けるような高校スポーツ界、日本社会になることを、私は強く望みます。

それができてこそ、スポーツが文化になり、初めて「ジャパンズ・ウェイ」が確立される。今のままではいけないという認識を多くの人々に持ってほしいですし、環境を変える必要があることを今一度、再認識してもらいたいと思います。

ブラック部活動、体罰問題を許すな！

「ブラック部活」という言葉が昨今のメディアで頻繁に取り上げられるようになりました。長時間練習、罰走、体罰、暴言などがその典型ですが、サッカー界では日本サッカー協会が「リスペクトプロジェクト」や「ウェルフェアオフィサー」などを謳うことによって、悪質な例が減ってきているのではないかと思います。

しかし、日本全国のスポーツ現場を見ると、完全にブラック部活がなくなったとは言い切れない状況です。

１つの象徴的なものが、２０１８年7月に滋賀県大津市の中学校で起きた事例です。ソフトテニス部2年の男子生徒が練習中のミスを理由に「校舎の周りを80周（18km超の距離）走ってこい」と顧問に命じられ、熱中症で倒れて救急搬送されたといいます。この日は気温30度をゆうに超える猛暑日で、子供たちの体調を見ながら練習量を調整しなければならないのに、18kmもの走りを課すなどありえません。学校側は「行き過ぎた指導だった」と謝罪したと言いますが、熱中症の知識がこれだけ生き渡った今の時代にこのようなことが起きること自体、信じがたい気持ちでいっぱいです。

指導者は31歳の若手で、気力も体力も十分にある。「生徒をうまくしたい」「勝たせたい」という情熱は誰よりも強いのだと思います。自分も30歳前後の頃は選手のハートに火をつけようとさまざまな指導を試みました。

「絶対に負けは許さない」

「勝って来いよ」

そう言って檄を飛ばすことは頻繁にありました。

でも、スポーツはどんな努力をしても負けることはある。悔しさを感じるにしても、そこはどうしても受け入れなければならない。この指導者は感情のコントロールができていないのではないかと感じます。

ミスにしても、避けられない時はあります。ただ、自分が単にボーっとしてミスをするのと、積極的にトライしてミスをするのとでは全然違います。

実際、流経柏では「ミスを犯した時こそ新たなチャンス」という捉え方をすることもあります。ある練習試合で浦和東と対戦した時、スタンドで応援していた1年生に「3年生がボールを奪われた瞬間から拍手をしまくれ」と指示し、それをやらせてみました。ボールを失った3年生は周りが「ワーーー」と大騒ぎになるので、「ハイプレスをかけてボールを奪わなければいけない」とスイッチが入る。それが奏功して、この試合は4―0で圧勝しました。

ミスをしても、それを生かしてゴールを狙えばいい。スポーツにはそういった駆け引きが必要不可欠です。けれども、このソフトテニスの指導者は柔軟な考え方ができず、「ミス＝ダメ」と断罪してしまった。そこは反省すべき点ですし、違った角度から子供たちを見て、指導することを学ぶ必要があると思います。

2018年に起こった体罰の主な事例

年月	内容
2018.11	熊本県の高校ラグビー部監督が部員の男子生徒の顔を平手打ち
2018.11	愛知県の高校野球部監督が複数の男子生徒に平手打ちをしてけがを負わせる
2018.10	兵庫県の中学校で野球部の練習中に、顧問の教諭が男子生徒の首をつかみ、柱に押し付ける
2018.10	長野県のバレーボール部監督が複数回にわたり、部活中の部員に「行き過ぎた指導をした」
2018.10	京都府の高校陸上部顧問が男子生徒を蹴り左腕を骨折させる
2018.10	愛媛県の高校サッカー部監督が生活態度が悪い部員への「指導」として丸刈りを命じる
2018.9	大阪府の大学柔道部コーチが指導にあたるときに手にしていた木製の棒で部員をたたく
2018.9	埼玉県の高校女子バレーボール部監督が過去２年間にわたり、至近距離からボールをぶつけたり、暴言をはいたりする行為を繰り返していた
2018.9	兵庫県の高校バドミントン部監督が全国大会の試合中に女子部員1人のくるぶし付近を5回蹴り、靴を２回踏みつけたほか、「棄権しろ」と怒鳴る
2018.8	群馬県の高校野球部部長が部員２人のユニホームの胸や肩を片手でつかんで引っ張ったり、あごをつかんだりする
2018.8	香川県の小学校教諭が男子児童のシャツの襟首をつかんで引きずる
2018.7	兵庫県の中学校教諭が顧問を務める柔道部や担任のクラスの男子生徒計7人に対し、頭をたたくなどの体罰を加えていた
2018.7	京都府の高校アメリカンフットボール部顧問が複数の男子部員に両手で体を押したり手の甲で腹部をたたいたりする
2018.5	神奈川県の小学校教諭が担任する男子児童の頭を拳でたたき、約1週間のけがを負わせる
2018.3	京都府の中学校陸上部顧問が朝練習に遅刻した生徒をタックルで転倒させたり、円盤投げの練習をしていた別の部員の前に生徒を立たせ、恐怖心を与えるなどの体罰を繰り返していた
2018.3	愛媛県の高校女子ソフトボール部監督が部員を手のひらや拳で殴ったり、バント練習時に打撃マシンの球を部員に素手で受けさせたりする

ブラック部活を防ぐための有効な手段はいくつかあります。

1つは、相手を納得させるアプローチを採ること。

「学校の外周を80周走れ」という指示に科学的な合理性やメリットがあれば、選手側も納得します。「このトレーニングによって、こういう効果が出る」と説明できないような練習は押し付けでしかありません。私自身もかつてはそういうことをやっていたから分かりますが、一方的なメニューは選手のプラスにならない。そこは指導者側が理解しておくべき点でしょう。

最近、我々のところでも選手が徒党を組んで造反してきたことがありました。ある試合で1年生を5人先発に起用したところ、3年生から不満が噴出しました。「なぜ3年を差し置いて1年ばかりだすのか」とクレームをつけてきたのです。

昔の自分だったら「何言ってるんだ。嫌ならやめろ」と瞬間湯沸かし器のように怒ったのでしょうが、まずは彼らの言い分を聞くようにしました。そのうえで「そうしたら3年だけを選んで次の公式戦に出ろ。それで圧勝したら次からは3年優先にする」と話して、ゲームをさせたのです。

結果は3年の1―0。勝つには勝ったものの、同じ相手に前回は4―0で大勝していたのに、この時は薄氷の勝利だったのです。

この戦いぶりで、３年生は自分たちの力量を悟ったのでしょう。

「先生の判断も仕方ない」と納得した様子でした。

誰もが試合に出たいのも分かりますし、選手起用に不満を覚える人間もいる。その全員から理解を取り付けるのは難しいことですが、そういう努力をするのが今の指導者のあり方。フィジカルテストやＧＰＳやハートトレートモニターを使った走りのトレーニングなど科学的手法を駆使するのも、彼らを納得させるための有効なアプローチかもしれません。

流経柏で取り入れている走力強化の一例を挙げると、「グランド10周・３５００ｍを15分間で走る」というものがあります。

これは主に朝練習で取り入れているもので、平日の火・水・木・金曜日の週４回行うのが通常です。週末の試合が多かったり、選手の疲労が濃い時に、猛暑の時期などは金曜日を休みにしたり、コンディションによって時間を６分・９分・12分と減らすこともあります。グランドの１周は１分30秒・２周で３分なので、６分・９分・12分と段階的に上げていくアプローチも採りやすいのです。

これを実施するに当たって重要なのが、15分間走終了直後に脈拍を計測すること。1分間の心拍数が120以上の選手は「1試合・90分を走り抜くだけのフィジカル的なベースがない」という判断になる。そのレベルまで上げることがまずは最初のテーマになります。我々の練習に慣れている2・3年生はごく普通に走りますが、高校に入ってきたばかりの1年生はとても15分間走をこなせないレベルです。6分間走を1週間やって心拍数を測って、120をクリアできたら、次の1週間は9分間走、その翌週は12分間走と徐々に時間を延ばし、負荷を高めていくことで、人間の体は慣れてくる。心拍数を見ながら自分の体の状態を把握して走るのですから、選手たちも納得して取り組めます。そういうやり方が今の時代には必要なのだと痛感します。

夏休み中のフィジカル強化期間は、もっと走りの負荷を上げていきます。2018年夏に行ったのは、クーパー走。10日間を1クールとして、12分間で2950m走れる選手が、最終日に3300〜3400mまで数字が伸びていれば、成果が出たということになる。このスピードで走れる選手はかなりのトップクラス。2000mしか走れない子でも2800〜2900mに数字が上がれば

「確固たる達成感」を得られますし、メンタル的にも強くなります。もちろんこの走力アップの練習でも心拍数の測定は必須。そこは安全なトレーニングを行っていくうえで必要不可欠な要素だと考えた方がいいでしょう。

このように、選手を自ら「頑張るんだ」という気持ちにさせなければ、トレーニングの効果は上がりません。昔ながらの押し付け体質や上から目線の指導では行き詰まるということを、我々指導者は再認識しなければいけなません。そこは改めて強調しておきたい点です。

ブラック部活防止のもう1つの手段は、人の目を活用することとです。

部活の練習が指導者と選手だけになってしまうと、お互いを思いやるリスペクト精神や配慮がなくなり、指導者が暴言を口にしたり、鉄拳制裁をするような環境を作りやすくなってしまいます。だからこそ、日々のトレーニングに保護者や近所の人々に見に来てもらうことを奨励すべきだと考えます。

流経柏でも「ぜひ練習を見に来てください」と父兄の方に声をかけていて、毎日誰かしらグランドに足を運んでいただいています。そういう状況だと、指導する私たちコーチングスタッフも緊張感がみなぎりますし、選手たちのモチベーションも上がる。苦しく辛い走りのトレーニングであと一歩が出るようになったり、1対1の競り合いの場面でも激しいコンタクトプレーを出せたりするのではないかと感じます。

ピッチに立っている私や榎本コーチは、親御さんから見れば、鬼の形相で選手と向き合っているように見えるかもしれませんけど、その真剣さを理解してもらえるのはありがたいこと。練習終了後にはオンとオフを切り替えて、気さくに挨拶したり、世間話できるような関係作りも大事だと考えます。

欧州の指導者を見ていると、本当にオンとオフの切り替えがうまさに気付きます。試合中に鬼気迫る様子で選手に「戦え」「勝て」と叫んでいた監督が、試合後にはケロっとしている様子にはこちらが面食らうこともあります。

彼らは負けた後でも不満を引きずったり、感情的になったりはしない。サッカー指導者を40年以上やってきた自分もそこまで上手にメンタルのスイッチを入れ替えることはできませんが、そういう方向に仕向けるためにも、外部の方にどんどんグランドに来てほしいと思います。

他のチームでも他競技でもそうですが、外部との交流を増やすことは、単にブラック部活の抑止力という意味だけでなく、部活動と社会を結びつける機会を多くすることにもなる。そこも頭に入れながら、「ブラック」ではない部活動を作るべく、アイディアを出していくことを関係者には求めたいところです。

子供たちをサッカー漬けの毎日にしていないか

前述の通り、過去10～20年間で部活のトレーニング時間が減り、休養日が設けられるようになったのは確かです。それはサッカーに携わる育成年代の選手にとってはいいことです。けれども、彼らが「サッカー漬けの生活」から完全に抜け出したかというと、そうとも言い切れない。というのも、サッカーには「オフ期間」が皆無だからです。

プロの1年間のカレンダーを見ても、元日に風物詩の天皇杯決勝があり、そこで一時的なオフに入りますが、チームによっては1月10日過ぎにはもう始動している。アジアチャンピオンズリーグ（ACL）も1月末から公式戦が入り、2月にはJリーグが始まる。その後もACLや天皇杯とJリーグ・ルヴァンカップの過密日程が続き、日本代表選手たちはインターナショナルマッチデーも国際試合が目白押し。結局、満足のいくオフを取れないまま1年が過ぎていくというケースが多いと思います。

それは育成年代も全く同じ。高校サッカー界であれば、我々のチームを一例にとると、1月頭に高校選手権があり、それが終わるとすぐに新体制での新人戦に挑まなければなりません。春休みの3月は各地のフェスティバルに参加し、4月頭からプレミアリーグがスタートします。5月末にリーグは一時的な中断期間に入りますが、その間も高校総体の県予選、高校総体と続き、夏休みも和倉温泉でのフェスティバルなど遠征が待っています。そして8月末からはリーグが再開します。秋には選手権県予選が入ってきて、12月になるとプレミアリーグチャンピオンシップや選手権本大会に向けた調整が佳境を迎えるという形。強豪校には本当にオフがありません。昨年度の選手権決勝が1ヵ月前のような感覚です。そのくらい毎日の時計の針が他人の3倍、4倍の早さに思えます。

これは、生徒たちにとっても頭の痛い問題でしょう。

特にプロを目指す選手はある程度、サッカー漬けになってしまうのかもしれませんが、100人を超える大所帯の高校サッカー部にはさまざまな進路選択をする生徒がいます。夏休み期間に勉強に専念したり、海外に短期留学したり、興味のある会社にインターンシップに行ったり、大学のオープンキャンパスに出向くなど、学生としてやるべきことも数多くあるのに、それに手を付ける時間的余裕がない。どこかで「完全に休む」という期間を設けない限り、そういった時期を作ることは困難ではないかと感じます。

今こそ、協会が主導して、ユース年代を含む国内サッカーカレンダー全体を見直す時期に来ている……。私はそう考えます。

ドイツなどのサッカー先進国に行って実感するのは、選手たちが必ず年に1回はオフ期間を取っていること。欧州の場合、9月から新学期が始まり、5月に終わりますから、その後の6～7月はほとんどリーグ戦が行われていません。ワールドカップや欧州選手権、年代別世界大会などがこの時期に入ってくることはあっても、国内リーグやカップ戦は完全に休止しています。

選手たちも6月はほとんどオフを取り、その後の人生のために勉強したり、家族とバカンスに出かけたりします。こういった人間的な活動をせずに、育成年代を過ごしてしまうのは、子供の成長を考えるうえでもやはり危険なこと。そこは警鐘を鳴らしておきたい点です。

サッカー選手の「プレーヤーズファースト」を考えても、一年中ひっきりなしに試合が行われれば、どうしてもケガや体調不良のリスクを伴います。10代で輝かしい才能を発揮していた選手が相次ぐ大ケガで選手生命を絶たれた例を過去に何度も見てきました。

一方で燃え尽き症候群（バーンアウトシンドローム）にかかる選手もいるでしょう。まだJリーグがなかった1990年代前半までは高校選手権で活躍した選手のそういう状態に陥る傾向が強かった。今はプロリーグができ、選択肢も多くなり、モチベーションが下がりにくい環境にはなりましたが、やはり詰め込みすぎのトレーニングや試合によって「もうサッカーは結構だ」と思ってしまう子供が出てきたとしても不思議はないのです。

そこまでハードスケジュールでサッカーをしている国は、世界を見渡しても日本くらいではないでしょうか。だからこそ、日本サッカー協会がオフ期間を確実に設けるような取り決めをして、強制的に休みをとらせるくらいのことをする必要があると考えます。そうしなければ、日本で「オフ期間の重要性」を徹底するのは難しい。簡単なことではないのは分かりますが、何よりも大切なのは「プレーヤーズファースト」という大原則を具現化すること。繰り返しになりますが、その重要性をサッカーに携わる全ての人に再認識してもらいたいと思います。

大会運営改革もサッカー漬け脱出の解決策になる

1年間のカレンダーを変えるという大仕事と同時に、見直さなければならないのが、大会運営でしょう。その顕著な例が、高校選手権です。

流経柏が前橋育英と決勝戦を戦い、最終的に前橋育英が優勝した2018年1月の第96回全国高校サッカー選手権大会を振り返ってみると、12月30日から1月8日にかけての7日間に集中的に開催されています。決勝開催日の「成人の日」が8日になったこともあって、5日の準々決勝と6日の準決勝が連戦になり、過去にないほどの過密日程を強いられたのです。

ベスト4に勝ち上がった前橋育英、上田西、矢板中央、流経柏はいずれも1月

2日の2回戦から参戦したチーム。1回戦から出場した東福岡や神村学園といった強豪校が早い段階で敗退したのも、試合数の差が響いたのではないかと言われています。

私も体育系大学を出て運動生理学を学んだから分かりますが、人間の体は試合から24時間以上経過しないと回復しない。もちろん24時間で100%回復するとも言い切れません。そういう知識はサッカーに携わる人間の大半が持っているのにもかかわらず、選手権になると平気で連戦させるというのは問題です。選手権を開催するにあたって、運営費やテレビ放映などさまざまな要素が絡み合っているのも分かりますが、やはり「プレーヤーズファースト」を最優先に考えるべき。そこは強く言っておきたいところです。

現実的に考えられる選手権の改善案は、ワールドカップと同じようにまず1次リーグを戦って、勝ち上がったチームが決勝トーナメントを行う方式。全国48チームが出場するので、4チームずつ12グループに分かれて1次リーグを実施。各組1位と2位の上位4チームの合計16チームが決勝トーナメントに進み、ラウンド16、準々決勝、準決勝、決勝と戦えばいい。最大7試合でタイトルにたどり着く

高校サッカー選手権大会改革案

現状

出場チーム	46道府県代表各1チーム、加盟校数が最も多い東京都代表2チームの計48チームによって行う。
大会方式	**48チームによるトーナメント方式。** 試合時間は1回戦～準々決勝までが80分(40分ハーフ)。準決勝以降は90分(45分ハーフ)
日程 ※2017年度	開催期間：2017年12月30日～2018年1月8日 開会式・開幕戦：12月30日　1回戦：12月31日　2回戦：1月2日 3回戦：1月3日　準々決勝：1月5日　準決勝：1月6日　決勝：1月8日

改革案

出場チーム	46道府県代表各1チーム、加盟校数が最も多い東京都代表2チームの計48チームによって行う。
大会方式	大会方式は、**48チームを4チームごとのグループに分けての1次リーグを実施し、グループの1位と2位の上位4チームによる16チームを選出し、決勝トーナメントをおこなうW杯と同様の方式。** 試合時間はすべて90分（45分ハーフ）で行う。
日程	大会の開幕を12月20日過ぎ頃に設定し、年内に1次リーグ、年明けに決勝トーナメントを行う。 （例）12月23日に開会式と開幕戦、24日から1次リーグがスタートするとして、試合の合間に中日を設けても年内にリーグ戦は終了する。年明け1月2日をラウンド16とし、1～2日以上の中日を挟みながら、決勝までの日程を組むことができる。

○メリット

○各代表校が最低でも3試合できることが最大のメリット。また予選リーグの戦い方は試合の運び方や状況に応じた戦い方を実戦で学ぶこともできる。

○試合時間はこの年代では90分が望ましい。休息日を挟めば実現可能になる。

○W杯やプロの世界を目指す選手がW杯方式の真剣勝負の大会を経験する。

●問題点および解決策

●大きな問題として大会期間がある。12月20日過ぎに開幕するとなると、現在はプリンスリーグの参入戦と重なってしまうため、リーグ戦の日程を詰めていくことが必須となる。リーグ戦の改革案が実現できれば、学校の冬季休業期間をみても十分改革は可能だと考えられる。

●遠征や滞在費等の経済的な問題もあるが、選手権本大会に出場するチームはほぼ例外なく、大会直前の年末には強化遠征や強化合宿に時間や費用を費やしている。そのような強化費用を滞在費等にあてることは可能であるし、高校サッカー最大のイベントとなる高校選手権への出場チームには補助金を増額することもあってよいのではないかと考える。

●大会の運営サイドや会場、テレビ局などのマスコミも改革への対応が必要になるが、会場となる地域の活性化や新たな宣伝要素を獲得することを考えれば、メリットが大きいのではないだろうか。

というのは、ワールドカップと全く同じです。

もう1つ重要なのは、試合時間を45分ハーフに統一すること。2種の大会は全てそうすべきだし、日本サッカー協会に規定を設けてほしい。「連戦だから選手権は40分ハーフ、高校総体は35分ハーフに試合時間を短縮する」とか「負担軽減のために交代枠を増やす」「給水時間を設ける」といった策は小手先でしかありませんん。世界のユース年代は45分で試合をしていることを忘れてはいけないと思います。

1次リーグ3試合を戦うことになれば、各チームともに多くのメンバーを使えますし、多彩な戦い方にトライできます。高校生というのはパフォーマンスの波が大きく、1試合では本当の力は出し切れません。

96回大会でも前評判の高かった大阪桐蔭や富山第一が早々に負けてしまった。番狂わせはトーナメントの魅力かもしれませんが、大会の質を下げることにつながりかねない。1次リーグを戦えばそういうことは起こりにくくなる。たった1回で全国大会が終わってしまうチームや選手側の空しさや徒労感を回避し、将来有望な人材を見落とすことなく発掘するするためにも、1次リーグ導入は不可欠だと考えます。１次リーグにはドロー決着もありますから、勝ち点１を確保する戦い方を覚える絶好の機会にもなります。「日本人は引き分けに持ち込むずる賢さを知らない」とよく言われますが、トーナメント中心の環境で育ってきた人間がそういう力を身につけるのは難しい。

高校サッカー界から将来の日本代表を送り出したいのであれば、選手権でワールドカップのシミュレーションをしておくこと。それはやはり重要です。２０１０年まで行われていたプレミアリーグの前身の高円宮杯全日本ユース選手権（U―18）はワールドカップと同じ大会方式でしたが、それがなくなり、ワールドカップ方式の大会が高校サッカー界に存在しなくなってしまった。そこも問題視すべきところです。

こうした改革をするにあたって、最大の関門は大会期間。１次リーグを中２日で消化するとなると１週間は必要で、決勝トーナメントも含めれば合計２週間以上の日数を確保する必要が出てくるからです。

ただ、これは開幕を前倒しすることで解決できると私は考えます。

現在の選手権は「12月30日開幕、成人の日に決勝」というスケジュールですが、高校の冬休みは12月20日頃からなので、そのタイミングからスタートすることは十分可能。１次リーグ３試合は組み込めます。

そして現在の選手権同様、12月末から決勝トーナメントを中２日ペースでやれば、今年のような８日決勝でも収められる。３学期の始業式が９～10日頃という学校も多いので、この大会日程であれば、授業にも支障は出ない。それが現状で考えられる有効な改善策ではないでしょうか。

「１次リーグ３試合を導入すると、各チームとも最低10日は関東に滞在することになる。その滞在費はどうするのか」と疑問を呈する人もいるでしょう。

現在、選手権期間にはＪＦＡから選手20人＋指導者２人の宿泊費補助が１泊８０００円分×滞在日数で出ていますが、１次リーグを導入した際、48チーム分の全滞在費用を協会が負担するとなれば大変なことになります。

そこは協会と高体連、学校側が話し合って、落としどころを探ればいい。実際、選手権出場校は大会前に御殿場で合宿を張ったり、フェスティバルに参加したりと、準備に相当な費用を投じている。選手権開幕を前倒しされても、学校側の負担はそう変わらないという気がします。

移動費に関しても、遠隔地のチームは合計22人分の飛行機代が協会から出ているそうですが、全て通常料金。20日頃の開幕に前倒しすれば、年末年始の繁忙期を避けられるし、学校側は追加負担をしなくてよくなるかもしれません。検討の余地は十分にあります。

もう1つのハードルはテレビ放映ですが、1次リーグ3試合あれば、地元の高校を最低3回は放送できるチャンスが生まれます。今の一発勝負の方がドラマ性やインパクトは大きいのかもしれませんが、視聴者は選手をロクに覚えないまま終わってしまいます。

同じチームを3回見ることができれば、個人個人を覚えて応援したり、チームの戦い方を分析・検証するといった楽しみも生まれます。テレビ局側にしても選手権の新たな魅力を提示し、新たなファンを掘り起こすいい機会にもなる。局の事情はそれぞれあるでしょうが、前向きな捉え方もできるはずです。

選手権も3年後には第100回の記念大会を迎えます。

2018年夏には夏の甲子園が100回大会を迎え、大変な盛り上がりを見せましたが、そういう節目を迎える今こそ、大胆な改革に踏み切れるチャンスです。

ユース年代の代表するビッグトーナメントである選手権をワールドカップ方式にするとなれば、他の育成年代の大会を改革する機運が続々と高まるかもしれない。ひいては、先ほど述べた国内サッカーカレンダーの見直しにもつながるでしょう。その結果、問題になっているオフ確保ができれば「プレーヤーズファースト」が現実になる。そういう前向きな流れに持っていきたいものです。

夏休みの真っ只中に行われる高校総体についても改革が必要です。

2018年8月7日〜13日にかけて三重県で行われた大会を見てみると、47都道府県代表各1チームと加盟登録数の多い北海道、埼玉、千葉、東京、神奈川、愛知、大阪と開催地の三重県の2チームが参加し、全55チームがトーナメント方式でタイトルを争いました。

試合時間は35分ハーフ。1回戦が8月7日にスタートし、2回戦が8日、3回戦が9日。1日の休養日を挟んで11日に準々決勝、12日に準決勝と進んでいき、決勝は13日に行われる形でした。猛暑の夏場を想定して、試合時間を短縮し、大会の真ん中に休みを1日設けてはいるものの、ハードスケジュールという印象は否めません。45分ハーフというサッカーの原則を踏まえても、試合時間短縮をしのぐのはあまりいいことではありません。

そこで、私が提案したい改革案は、トーナメント方式は維持したまま、出場チーム数の絞り込みとU－17の大会へとカテゴリーを変更することです。

出場チーム数は32。この数であれば、同じ大会期間でも休養日を入れながら試合ができて連戦を避けられますし、試合時間を45分ハーフにしても大丈夫でしょう。ただし、2018年7月のような連日40度近い酷暑が続く場合は、40分ハーフも想定しなければならないかもしれません。

例えば開催地を北海道に固定し、永続的に45分ハーフで行うというのも1つのアイディアかなと私は考えます。

予選は現在、各地域で行われている関東大会や東北大会などの地域大会を充てることにし、それぞれ割り当てられた出場枠を賭けて戦う方式にすればいい。そうすれば新たに予選を行う必要もないですし、カレンダーも効率化できます。

2019年のカレンダーに組み込もうと思うなら、前述の8月の活動停止期間を視野に入れて、7月23日開幕、8月1日の決勝がベスト。試合5日、休養日4日

インターハイ大会改革案

現状

出場チーム	47都道府県代表各1チーム、加盟登録数の多い北海道・埼玉県・千葉県・東京都・神奈川県・愛知県及び大阪府からの出場については、2チームとすることができる。開催地は2チーム。全55チームが参加
大会方式	55チームによるトーナメント方式。試合時間は70分(35分ハーフ)
日程 ※2017年度	開催期間：2017年7月29日〜8月4日 開会式：7月28日　1回戦：7月29日　2回戦：7月30日　3回戦：7月31日 準々決勝：8月2日　準決勝：8月3日　決勝：8月4日

改革案

出場チーム	大会自体をU-17のカテゴリーで行う。そして32チームによるトーナメント方式。予選は、現在各地域でおこなわれている地域大会（関東大会、東北大会など）とし、各地域で割りあてられた出場枠をかけて試合をおこなう。
大会方式	32チームのトーナメント方式。連戦は避けるよう中日を設け、試合時間は45分ハーフとする。夏季大会であるため、40分ハーフとすべきか検討の余地はあるが、対策の一つとして開催地を北海道に固定とし、45分ハーフを実現させることも可能。
日程	2019年のカレンダーでは7月23日開幕の8月1日決勝がベストだと提案している。夏季の中断期間（活動停止期間）とリーグ戦とのバランスを考えると、リーグ戦と重ならず、バランスが良い。ただし、高体連主催の全国総体のため、他競技や大会の開催期間との兼ね合いも考えると従来の8月初旬に大会期間となることを避けられないという問題があるかもしれない。

○メリット

○U-17とすることで、多くの選手が大きな舞台での真剣勝負を経験することができるとともに、優秀な選手の発見、発掘の機会が増える。

○真夏に開催されるインターハイ本戦では出場校数が減るため、連戦を避けて選手の安全が守れるとともに、現状1チーム17名の登録人数を増加させることもできる。

○大きなメリットの一つとして、指導者の力の向上につながると考えられる。同じチームの中でも、U-16やU-17というカテゴリーに対してしっかりとした責任を持つことになり、予選や本戦を通じて戦うことも指導者としての経験となる。さらに、勝負の結果や選手の成長に対して責任が強くなれば、試合時のみならず、日常の練習の中でも指導者の意識の改善や練習の質の向上につながるのではないか。

●問題点および解決策

●本戦への出場校数が減ることで、全国大会の舞台に立つチームが少なくなることが最も大きな問題か。しかしその分、リーグ戦や選手権に対する取り組みはより強くなることも考えられる。各チームの部員数や実情は様々であるため、全てのチームや地域の希望する形は難しいが、メリットとデメリットを比べてみると、選手の安全面や大会の質の向上、年間通じての選手の成長という観点から、メリットの方が大きいのではないかと考える。　●リーグ戦と重なる時期の予選やニアミスする時期の本戦であることも問題としてあげられるかもしれない。ただ、U-17化をすることで時期が重なることをクリアできると考えているし、チーム事情に応じて、1、2年生をU-18のリーグ戦を優先に出場させることも可能である。

という選手への負担が軽減できる日程になると思います。

さらにU－17にカテゴリーを引き下げることによって、高校2年生年代の中だるみになりがちな選手たちの真剣勝負の場が生まれ、優秀な選手発掘の機会も増えます。

流経柏もそうですが、監督である私が高3を中心としたトップチームを見て、若いコーチが高2、高1のチームを指導するといった形態を取るチームも多いですが、こうした若手指導者が経験を積む意味でもU－17化は有効ではないかと考えます。

コーチが成長するためには、自分自身が多くのことに責任を持つ必要があります。大会の勝敗はもちろんのこと、チームマネージメントや、選手たちのモチベーションの上げ方、コンディション管理、選手起用や交代、戦術の決定といった全てを一手に引き受けることで、指導者として磨かれていく。高校総体がそういう場になれば、もっと若くて情熱のあるいい指導者が増えるはず。私はそこにも期待します。

「出場チーム数が減ると、全国の舞台に立てるチャンスが減る。それはいかがなものか」

こういった不満や疑問を投げかけてくる方もいるでしょう。

ただ、高校年代には他にも大会はあります。

前述の通り、選手権もありますし、高円宮杯プレミアリーグもあります。そういった大会に注力するスタイルを作り、高校総体の質的向上や選手の安全面確保を図っていく方が重要だと私は言いたい。1年を通して選手を成長させるという視点に立てば、高校総体の大会運営が変化しても、そこまで大勢に影響はないのではないかとも考えます。リーグ戦と時期が重なったり、本大会前の準備期間が足りないといった問題点もあり得ますが、U－17にカテゴリーを引き下げれば、同じ選手が出ずっぱりという状況は避けられるはずです。

チーム事情を勘案しながら、U－17年代に該当する1・2年生をリーグ戦に優先させることもできるでしょう。これまでのように3年生ばかりに出場チャンスが与えられるような1年間のカレンダーであってはいけない。そこは強調しておきたい点。関係者間で積極的に議論していきたいものです。

高校総体のU－17化に連動して、もう1つ考えたいのがU－16のリーグ戦を公式大会化することです。

関東では10年以上も前に、高校の先生方有志によってスタートさせた関東スーパーリーグが全国各地に広がり、5年後に公式化され現在の高円宮杯プレミアリーグに発展しました。この時期にあわせてスタートさせたU－16のリーグもいまだオフィシャルではありませんが、ルーキーリーグと称してすでに9地域に広がり、東西4チームずつのファイナルを行うまでに至っています。この大会が高校1年生年代の強化に大きく貢献していることは、全ての指導者が認めているところです。

それを一歩進めて公式大会とし、全国の2種のチームが足並み揃えて参戦するようになれば、U－16年代の底上げができる。それは紛れもない事実です。

チームによっては参加意思があるものの「オフィシャルではないから」という理由で学校が認めず、出場が叶わないといった話もよく耳にします。内容的には十分充実しているものであるだけに、そういったチームがあるのが残念でなりません。だからこそ、この機会に「U－16ルーキーリーグ」を正式発足させることを訴えたい。高1にはこのリーグ戦があり、高2には高校総体、高3にはプレミアリーグと選手権という明確な目標設定ができれば、高校年代の成長速度は確実に上がる。私はそう確信しています。

今や2種で最も重要性の高い高円宮杯プレミアリーグについても、改善すべき点はあります。その1つが、チャンピオンシップです。

現行方式では東西1位のチームのみがチャンピオンシップに出場していますが、東西それぞれ2位までが出て、4チームで優勝を決める方が注目度も高まるし、参戦する側のモチベーションも上がると思います。

これに伴って、プレミアリーグと地域プリンスリーグ、プリンスリーグと都道府県リーグの入れ替え戦の出場枠を増やせば、昇格と降格の動きが活発化し、チャンスも増えてくるでしょう。年間を通して戦うリーグ戦は大事ですが、ワールドカップでも決勝トーナメントが採用されている通り、一発勝負の重要性を体験することも育成年代には大事。そういう意味でも、こうした幅を持たせていくことが肝要なのです。

このような改革を行う場合、リーグ戦期間を前倒しにする必要が出てきます。

現行だとプレミアリーグは４月第１週の週末からスタートし、12月第１週に終了するスケジュールになっていますが、開幕戦を４月頭に持ってきて、５～６月の中断期間を短縮し、日程を早めに消化して、９月末にレギュラーシーズンを終わらせるようにしなければいけません。選手権の各都道府県予選を10～11月に終えて、11月末～12月の中旬にかけて参入戦や入れ替え戦、チャンピオンシップという流れにすれば、選手権を前倒ししても十分に間に合う。そこは問題ないはずです。

①リーグ戦の期間を短くすれば、長期的な伸びしろやチャレンジの場を失わせることにつながる。
②開幕を４月頭にすると、序盤は新一年生が全く絡めない。
③トレセン活動との日程重複など、解決しなければいけない課題は少なくない。

こういった問題提起をする指導者や関係者もいるとは思いますが、全て話し合いで解決できる範囲の話でしょう。

例えば、①の課題にしても、12月までリーグ戦を続けることが全ての選手にとってプラスかどうかは考えなければならない点です。サッカーをしながら大学受験を目指す選手にとっては、9月末でリーグ戦が終わった方が有難いかもしれない。大学やJクラブの練習参加に滑り込みたい人間もその時期が空けば行きやすくなるかもしれません。

18歳のサッカー選手にとってプレーも大事ですが、将来を考えることも大切。その時間を得られるのであれば、彼らにとってはプラスに働く。そういうふうに違った見方をして、何がベストかを模索するべきだと思います。

このような改革を考えていくにつれ、「高校サッカー界が高体連（全国高等学校体育連盟）から独立した組織であれば、もっと柔軟に動けるのに……」という思いが強まってきます。

サッカーは高体連に属しているため、高校総体に足並み揃えて出場しなければなりませんし、高体連の考えるカレンダーに合わせなければならなくなります。

高校総体に出れば、我々指導者や選手はバスケットボールやバレーボールなど他競技に携わる人たちと交流し、情報交換ができるというメリットがありそうですが、実際には試合に追われてそのような交流はほとんどありません。サッカーが他のスポーツ界に比べて圧倒的に先を行っているのは、多くの関係者が認めるところ。その勢いをさらに加速させ、世界トップに追いつこうと思うなら、高体連から独立して、「高サ連」を設立してもおかしくないという思いが私にはあります。

実際、高校野球界は「高野連」という独立した組織になっています。高体連主催の春の選抜高等学校野球大会、夏の甲子園こと全国高等学校野球選手権大会は高校総体と全く関係ない時期・タイミングに行われています。彼らのように独自のカレンダーを作れるのなら、サッカー界ももっと大胆な改革ができる。高校総体に代わるユース年代全体のトーナメント大会を作ることだって可能になる。そうなれば、理想的ではないかと感じます。

サッカーの進化・発展のためにも、これまでには考えられなかった発想を持って改革に当たる指導者や関係者がどんどん出てくるべき。ベテラン指導者である私の意見にも耳を傾けてほしいと思います。

高体連加盟競技
高体連(全国高等学校体育連盟)に属する競技
陸上競技　**サッカー**　スキー
体操　ハンドボール　スケート
水泳　ラグビーフットボール　ボート
バスケットボール　バドミントン　剣道
空手道　アーチェリー　なぎなた
バレーボール　ソフトボール　レスリング
卓球　相撲　弓道
ソフトテニス　柔道　テニス
少林寺拳法　登山　自転車競技
ボクシング　ホッケー　カヌー
ウェイトリフティング　ヨット　フェンシング

＜管轄外の競技＞
野球　トランポリン　ゴルフ
アメリカンフットボール　ボウリング　トライアスロン
日本拳法　銃剣道　合気道
躰道　カーリング　アームレスリング
なわとび　チアリーディング　チアダンス
バトントワリング　パワーリフティング

変化する家庭環境も子供に大きな影響を与える

サッカー少年・少女たちを取り巻く環境の中で、最も身近なのが家庭です。彼らの人間性を左右する最重要要素と言ってもいい家庭環境が、この20～30年間で大きく変化していることも、やはり見逃せないテーマです。

昭和の頃は、両親と祖父母ともに暮らす「三世代同居」が中心で、ご近所や地域との結びつきも密接でした。

「あそこのじいさんはうるさいんだよ」

「角を曲がったところに住むおばあさんが怖い」

といった話を、昭和の時代にはよく耳にしました。

実際、私自身もご近所のうるさ型によく怒られましたし、それによって社会性が身についた部分もあると認識しています。

けれども、平成も終わろうというこの時代になり、核家族が増え、家族も地域も関係性が希薄になりました。子供がいたずらしていても、近所のお年寄りは何も言わない。電車の中で騒いでいる中高生がいても見て見ぬふりをする。そんな人が増えたと実感します。「何か注意したら逆切れされるかもしれない」という恐怖心があるのかもしれませんが、相手に対してストレートにモノが言えなくなったのは確かだと思います。

それによって起きているのが、子供の聞く力の低下です。

「分からないことがあったら、先生に聞きなさい」

我々、教師がそう声をかけても、「分かりました」とは言いつつ、何も言わずにひたすら黙っている生徒が年々、多くなっている。逆に「分かってるよ、聞くよ」と主張できる子を育てないといけないと痛感する日々です。

親御さんは「どうしたら、ウチの子供をそういうふうにさせられますか?」「学校がそう仕向けてください」と注文をつけてきますけど、親御さんが頭ごなしに叱ったり、話も聞かずに抑え込んだりするから、そうなっているケースが多い。幼いうちはどんな子でも自己主張をする。それを年齢が上がるごとにしなくなるのには、やはり理由がある。そこに気づいてほしいものです。

海外を見てみると、生まれたばかりの赤ん坊の時から「1人の独立した個人」として扱う傾向が強いように感じます。

例えば、ドイツの話だと、赤ん坊は両親とは別の部屋のベッドに寝かせると聞きます。「子供が幼くても、夫婦の時間を大事にするべき」という確固たる価値観が根強いのと同時に、「赤ちゃんの時から自立心を養わせることが大事」という考え方があるからだといいます。

親子が川の字になって寝ない代わりに、食事は必ず一緒に取るとか、要所要所でハグをするなど、ハッキリした愛情・信頼を表現をするのが欧州の人々です。ハグは子供に対してだけでなく、大人同士や友人同士でもよく行われている。そうすることで「私はつねにあなたのそばにいる」というメッセージになる。それが人間の安心感につながるというのは確かだと思います。

買い物や散歩に出かけて、子供が言うことを聞かない時も、欧州の人は「ダメ」と頭ごなしに怒ったりしません。

「こういう時に騒ぐと他の人に迷惑だろう」

「このおもちゃは家にあるよね」

「今はお金がないから、次の機会に買ってあげる」

こんなふうに諭すのが、彼ら流のアプローチ方法でしょう。

そうすれば、子供も聞く耳を持つ。

一方的に「ノー」と言われると、人間、誰しも不満を抱きますが、納得できる説明や理屈があれば「分かりました」と言える。お互いを理解し合うための言葉のキャッチボールを日々、怠らないことが、親子関係、家庭生活の基本。その大切な部分を忘れてしまっている家庭が、今の日本では非常に多いのではないかと感じます。

子供は親に育ててもらっていますが、確固たる意志を持った1人の人間。「子供なんだから親の言い分に従わせればいい」と考えるのは誤りです。

1人の人間としてリスペクトを持って接すれば、威張ったり、怒鳴ったりするケースは自ずから減る。もちろん、彼らが人として道を間違えそうな時は、毅然とした態度も必要でしょうし、「なぜそういうことをしたらダメなのか」としっかりと示すことも重要です。

そういう時でも「一方的」ではなく「双方向」の関係を意識すること。それが、親子関係の改善につながると、私は改めて言いたいです。

今どきの子に伝えたいコミュニケーション能力の重要性

家庭での実情を踏まえて、私は近年入学してくる流経柏の選手たちにこう声をかけるようにしています。

「俺の語気の強さに負けるんじゃないよ」と。

「俺の試合中のコーチングはすごいからね。ギャーギャー騒ぐし、厳しいことも言うよ」

「俺が怒鳴ったら、その怒鳴り声に負けるんじゃないよ」

「本田裕一郎は年を取ってるし、高校サッカー界で名も知れてるかもしれないけど、そんなことにビクつくんじゃないよ」

このような話を新入生には強調しています。

2018年春に入ってきた1年生はその効果なのか、すごく元気な生徒が多い。学校の仕事も1年の入りがすごく大事で、そこでうまくいった学年は何事もスムーズに行くし、最初につまずいた学年はトラブルが重なる傾向がある。彼らはまさに前者で、本当にしっかりと自分の意見を言える子が多い。自分の素直な考えや思いにフタをせず、のびのびと表現させてあげられる環境を作れば、彼らも幼い頃のように自己主張ができるはず。大人はそういう原点に戻って対応する必要があるでしょう。

子供たちとのコミュニケーションが難しくなっているもう1つの要因を挙げるなら、携帯電話やスマートフォンなど通信手段の発達でしょう。

こうした技術の進化によって、子供たちは人と交わらなくても生活ができるようになった。スマホを通してウェブサイトを見たり、ツイッターやフェイスブック、インスタグラムで自己発信できる。目の前に人がいないのに、自分の意見は言えるという奇妙な状況が起きています。

相手は特に反応しないから、自己満足はできる。それが悪循環になり、子供たちはどんどん個人主義、自己中心的になっていく。

「自分さえよければそれでいい」と考える人間が多くなったと残念に感じることが少なくありません。

それは日本のみならず、全世界的傾向だと、ドイツの指導者も話していました。確かにこんな便利な機会があれば、先生や親の話を聞かなくても何でも自分で調べられるし、全てを悟ったかのように錯覚してしまう。アナログ世代の大人にとっては手ごわい敵だと痛感します。

サッカーにおいて個人主義、自己中心主義はマイナスに作用することが多い。もちろん個の力で打開したり、時にはエゴを出して強引にシュートを打ちに行ったりする必要はありますが、基本はフォア・ザ・チーム精神を持って、身を粉にして働くこと。それを11人全員がやってこそ、本当に強いチームになれます。

ロシアワールドカップでベスト16入りした日本代表も団結心や一体感に秀でた素晴らしいチームでした。そうなるためにも、やはりコミュニケーション力は必要不可欠ですし、1人1人が周りの仲間を思いやり、サポートしていく気持ちを持って戦うことが重要なんです。

その基本を再認識させるべく、我々流経柏では、合宿の時だけ携帯を提出させて、その間はサッカーだけに集中できる環境を作り、帰る時に渡すという時期を設けています。それだけでもだいぶ環境が変わります。

普段、スマホでＬＩＮＥやメッセンジャーを通して会話することに慣れている高校生は、家族や友達とのコミュニケーション方法に戸惑います。

特に前の前にいるチームメートとはダイレクトに会話をしなければいけない。機械を通して話すのと、そこにいる人間と話すのとでは全く違います。場の空気や相手の様子を伺ったり、言葉を選ぶといった細やかな気配りが求められてきます。そうやって人間の機微を養うことはサッカーにも大いにつながってくる。効果は大きいと感じています。家庭内でも面と向かって会話する時間を努めて作ることが大切なのかもしれません。

コミュニケーション力を向上させるためのもう1つの取り組みとして、流経柏でやっているのが、毎月23日―フミの日という意味を込めて―にハガキを出させることです。

寮に住んでいる生徒に限ったアプローチではありますが、何でもＬＩＮＥやメールで済ませている今の子供たちは手書きで手紙を書くという習慣がないので、何をどう書いたらいいか分からない。「拝啓」「敬具」といった頭語と結語の使い方を知らないのはもちろんのこと、「秋たけなわの頃」「紅葉の季節を迎えました」といった時候の挨拶を聞いたことのない人間も少なくありません。

そこで「親しい人には気軽な文面でいいんだよ」とか、「今週は絵ハガキを使おう」とかいろんな提案をして書かせています。

ハガキというのは段ボールを使ってもいい。規定サイズに切って、切手を貼ってポストに投函するだけで届く。そういった基本的なことも教えてあげると、生徒たちは結構喜んでやっています。

「そんなの高校サッカー部の監督の仕事じゃない」と皮肉を言われそうですが、寮生にとって私は親代わり。３年間の期限付きの保護者だから、家庭でやるべきことにあえてトライするのです。

「俺の話は親父の説教だと思って聞け」と言って、ミーティングでも長く話をすることもあります。そういう時に注意するのは「背筋をしっかり伸ばして聞け」ということ。毎晩行っている私のミーティングでは、姿勢の悪い生徒はいません。

人間、背中を丸めたり、肘を突いたりすると眠気が襲ってくる。彼らはサッカーの練習で疲労困憊ですから、話し始めてすぐに寝てしまう。そうならないようにポイントを話してやることも大事です。そうやって聞いた話の何パーセントが頭に残っているか分かりませんけど、こちらが意思疎通しようという熱意と姿勢を示さない限り、相手は応えてくれない。家庭内でもそうだと思います。

子供たちに自己主張をさせたい、自分の意見を言えるようにしたいと思うなら、まずはこちらから真剣に向き合うこと。そこは肝に銘じておくべきでしょう。

第二章

指導改革

~選手たちのためにできること~

サッカーの本質を伝える

「何のためにサッカーをやるのか」というのは、我々にとっての普遍的なテーマです。

「上手にキックを蹴れるようになりたい」
「ボール扱いがうまくなりたい」
「シュートを決められるようになりたい」

目的は人それぞれだと思います。

ただ、誰もが一番忘れてはならないのが「勝つために戦う」ということ。

公式戦で「負けてもいいや」と考える人間は1人もいないでしょうが、練習中のミニゲームなんかでは「得意のドリブルやフェイントで相手をかわせれば、チームの勝ち負けはどっちでもいいや」といった軽い気持ちでやる選手は結構多いのではないかと感じます。

ただ、サッカーの本場・欧州で育成年代の練習を見ていると、そういう姿勢でプレーする選手はいません。

イタリアの町クラブで小学生のトレーニング風景を見学した時の例を挙げると、リフティングやコーンドリブル、２人１組のパス交換といった基本的なメニューをやらせても、子供たちはあまり集中してやろうとしませんでした。ところが、ゲームになると俄然、目を輝かせる。特にゴール前の攻防の部分では激しさを増します。

ストライカーとＧＫのポジションを誰がやるかで競い合いになり、真剣味が全く違う。「点を取る・取られる」という勝負を分ける役割の重要性を生まれながらにして知っているから、そうなるんだと感じました。

日本の場合はＭＦを希望する選手が多い。ストライカーは人気のあるポジションですが、ＧＫをやりたがる人間はそれほど多くない。細かい技術に長けた日本人は中盤でボールをさばいたり、パスを出したり、ゲームをコントロールすることに美徳を感じるから、その傾向が強いんだと思います。そのあたりは本場・欧州とは価値観がまるで違います。「まず一直線に勝利を目指す」という彼らのメンタリティから学ぶべきところは少なくないでしょう。

その反面で、負けを認めることも重要です。

「勝者がいれば、敗者がいる」というのは、スポーツの必然。どんなに勝とうと努力しても負けてしまうことはある。それを認識したうえで、サッカーに向き合っていかないといけないと思います。

凄まじい追い込み型の指導をしていた30年前の私は、負けに寛容になれませんでした。

「全員を勝たせたい」「レギュラーにさせたい」と思っているから、強引に走らせて、猛練習についてこられないやつを棒で引っ叩く……。そんなことを日常的にやっていました。

世の中はいろんな人間で成り立っている。東大に行って学者になる人間もいれば、勉強ができなくても違った方向に進んで、大きな仕事を起こしたり、一旗揚げる人間だっている。サッカーも同様で、走るのが得意な選手もいれば、走りは物足りなくてもポジショニングが際立っていたり、クレバーなパス出しのできる選手だっています。

「ある部分は勝ちだけど、ある部分は負け」といった概念を自分の中で持つことができれば、全員を同じペースで走らせてゴールさせるなんて発想にはならなかったと感じます。

しかし当時の私は、「絶対に全員を完走させなければいけない」という考えしかなかった。本当にダメな指導者だったと反省しきりです。

潔く負けを認められるようになれば、「負けを糧に次の勝利を目指そう」という前向きなメンタリティにもなれますし、そういう方向に選手を導ける。自分たちが勝者になった時、敗者側の気持ちを察して、気配りすることだってできるようになる。そういった器の大きさを身につけてこそ、サッカーをやる意味があるのです。「勝利を目指すこと」がスポーツの本質ではありますが、「負けを認める寛容さ」を持つことも需要。このスイッチの切り替えが最も大切です。

私は今、改めてそう主張しておきます。

同じタイプの選手を育てても意味がない

昨今の日本サッカー界では「個性を大事にしよう」という話がよく聞かれます。ロシアワールドカップ後に日本代表とU－21日本代表を兼務することになった森保一監督も「チームのコンセプトという大枠はあるが、選手にはその中で個々が持っているスペシャルな部分に自信を持ち、それをピッチ上で発揮してもらいたい」と強調し、8月のアジア大会（インドネシア）準優勝、そして9月のコスタリカ戦（大阪・吹田）での3－0という好結果を出しました。とりわけ、コスタリカ戦で堂安律（フローニンゲン）や南野拓実、中島翔哉（ポルティモネンセ）といった若い世代が躍動したのは、ポジティブな印象を残したと思います。

とはいえ、日本全国の育成現場が個性を生かすようなトレーニングをしているとは言い切れないところがある。そこは反省すべき点ではないでしょうか。

我々の流経柏も、集合して練習がスタートすると、ランニング、ウォーミングアップ、全員が横に2列に並んでインサイドキック20分、ボレー20分、ヘディング20分といった基本練習に1時間ほど費やすことが多かった。そうなると、サッカーをするうえで最も重要なゲームに多くの時間を割けなくなってしまいます。それを分かっていながら、「基本が大事だから」という理由で、パターン化した内容を継続してきたのです。

それが間違っていると気づいたのが、ドイツでユース年代のトレーニングを見た時でした。

彼らもランニング、ウォーミングアップ、ストレッチという流れから練習が始まりますが、必ずコーチがつく。選手に任せるようなことはせず、時々ボールを使って、動きを止めずに10分ほど行う形を取っていました。

その後はすぐにゲーム形式。インサイドキックの向上が目的であれば、スモールグリッドの中でインサイドキックしかできないようなゲーム形式にする。ロングボールを入れたかったらその要素を加えればいいし、シュートやクロスがテーマだったら、やり方を変えればいい。横に並んで2人1組でひたすらキックだけを単純に続けたり、敵もつけずにクロス&シュートをするといった実戦の中で起こり得ないメニューはやらないのです。

日本では、60m×110mのサッカーコートを基本にして、オールコートやハーフコート、ペナルティエリアなどを活用したトレーニングが一般的ですが、ドイツでは楕円形や台形などの変則的なコートを使ったメニューを取り入れる指導者もいます。今シーズンからパリ・サンジェルマンで指揮を執り始めたトーマス・トゥヘル監督もマインツのユースを指導していた時に斬新なトレーニングをする人物だと知られるようになりましたが、今では多くのコーチがオリジナルのやり方を考えだしています。

フリーマンを使った練習にしても、意図が明確です。例えば、3対3＋フリーマンにした場合、日本では「単にパス出し役が1人多くなった」くらいの感覚しかないですが、向こうでは「数的優位を作ってシュートシーンを多くする」といった狙いがハッキリしている。3対3の数的同数であれば、なかなかシュートシーンが生まれずに、目的のトレーニングがしづらいですけど、攻撃側が4人になればシュートシーンがより多くなるし、成功体験も増えてくる。意図した状況を出しやすくするために、フリーマンを活用しているのです。

こういったアイデアが日本の育成現場ではまだまだ少ない。その結果、トレーニングがマニュアル化、パターン化されていくのです。我々が当時やっていた2人1組のキック練習は最たるもの。そう感じた私は、ウチのコーチたちを呼んで、伝えたのです。

「インサイドキックやボレー、ヘディングの単純な練習はやめろ」と。

いきなりそう言われたコーチたちは戸惑いますよね。

「じゃあ先生、基本ができていない選手はどうするんですか」と疑問を呈してきた人間もいました。

そういう選手は全体練習の後、個人指導すればいい。「ゲームの中で基本的なプレーができていなかったから残って課題を改善する必要がある」と説明して、個人指導すれば、生徒も納得してくれると思います。

いずれにしても、重要なのは、実戦を想定したメニューを意識していくこと。実際のゲームで起こり得ないことをどれだけやっても、選手が使えるプレーにはなりません。そこをドイツの育成現場はしっかりと認識している。日本でもそこは今一度、頭に叩き込んでおくべきでしょう。

学校の部活の指導者がマニュアル化、パターン化に流れていく背景を考えてみると、第一章でも触れた通り、学校の仕事と部活の指導が重なってハードワークになりすぎているからだと感じます。授業のみならず、担任を受け持っていたり、文化祭などの担当になれば、もっと業務は煩雑になる。そうなってくると、どうしてもサッカーの練習準備が疎かになる。専門コーチのように1つ1つのメニューを研究して、準備するようなアプローチは不可能になり、結果的に「パターン化した内容をやらせた方が簡単」ということになってしまう。

それでは教えられる選手側は不幸だし、指導者自身も成長しないのではないでしょうか。こうした現状を変えていくことを真剣に考えないと、本当に学校の部活動が消えてしまうことになりかねません。

私にはそんな危機感があります。

隣の野球部を見ていると、キャッチボールから始まって、トスバッティング、フリーバッティング、ノック、ベースランニングという流れで練習している。それをやっている高校野球部が9割を占めているのではないでしょうか。

野球の場合は1つ1つのプレーが途切れるし、攻守が途切れる分、一瞬一瞬の判断力はそこまで求められない部分がある。だから、そういうマニュアル化でもいいのかもしれませんが、サッカーはもっと自主性や自己判断力が強く求められる。それを踏まえても、今のままのパターン化したトレーニングのままではいけません。

個性ある選手を育てようと思うなら、指導者も工夫を凝らすこと。

指導者がトレーニングの準備をきちんとできるような環境を整えること。

この2点を私は提言します。

ポジションに適した専門性の指導（GK編）

日本の部活動では長年、1人の指導者が大勢の選手を教えるような体制が中心でしたが、今は役割分担が進んでいます。

森保監督率いる日本代表を見ても、監督の下にコーチが2人いて、GKコーチとフィジカルコーチがいる。GKコーチとフィジカルコーチは今や高校サッカーでも大半の強豪校が採用していると思います。それだけこの2つはスペシャルな役割。とりわけGKを育てるのは、知識やトレーニング方法などの専門性が求められてきます。

ロシアワールドカップ前まで日本代表を率いていたハリルホジッチ監督（現ナント監督）が「GKのスタンダードは身長190cm以上」と語っていた通り、GKの大型化は進む一方です。

2014年ブラジルワールドカップでMVPの活躍を見せたマヌエル・ノイアー（バイエルン）が193cm、ロシアで日本の8強入りを阻んだベルギーのティボ・クルトワ（レアル・マドリード）が199cmというのを見ても、欧州の指導者がそういう考え方になるのもよく理解できます。

ただ、日本人にはなかなかその基準を満たす人材がいない。森保体制になってからコンスタントに招集されるようになったシュミット・ダニエル（仙台）のようなハーフの選手ならまだ可能性があると思いますが、180cm台後半の人材を見つけるのも難易度が高いのが実情でしょう。

そこで重要なのが、体の大きさがハンディキャップにならないような敏捷性の高いGKを育てること。日本人が世界で戦っていくには、その強みを突き詰めていくことが早道ではないでしょうか。

スペイン代表で長年ゴールマウスを守っていたイケル・カシージャス（FCポルト）が185cm、ブラジル・ロシアの両ワールドカップで日本と対峙したダビド・オスピナ（ナポリ）が183cmというように、そこまで身長が頭抜けて高くない選手でも、世界トップ級に上り詰めているGKはいます。

かつて170cmのホルヘ・カンポスを輩出したメキシコも高さをそこまで気にしていない。昨今の日本サッカー界は身長のことばかり気にしすぎる傾向が強い。大学のスカウトにしても「タッパはいくつありますか」とすぐに聞いてきますけど、私自身は「180cmくらいの選手でも敏捷性や反応、キャッチングやキックの精度が高くて、伸びしろのある人材を選んだ方がいい」と主張しています。

体格のマイナス面を受け入れたうえで、日本人らしいGK像を作っていかないと、ないものねだりになってしまう。そこは日本サッカー界全体が考えていくべきテーマ。GKコーチもそれに合ったアプローチをしていくべき。せっかくGKコーチ専門の指導者ライセンスができ、スペシャルなトレーニング方法を実践できる人が増えてきたのだから、よりそういう議論を活発化させるべきです。そうしないと、日本のGKのレベルアップは難しいと感じます。

２０１２年シドニー五輪ベスト４の正守護神で、森保ジャパンのメンバーでもある権田修一（鳥栖）がこんな発言をしていたと聞いて、考えさせられるところがありました。

「僕は1回、オーストリア（当時２部のＳＶホルン）に行きましたけど、オーストリアにはワールドカップに出るレベルのＧＫが１人もいなかった。そういう状況にもかかわらず、僕は次の所属先を見つけられなかった。そのくらいのレベルの選手なのです。だから僕自身がもっとレベルを上げないといけない。極端な話、自分が日本代表に入ってるくらいだったら、日本代表が世界レベルのＧＫと対等に渡り合うのは難しい。それができたのは永嗣（川島＝ストラスブール）さんだけだと思います」

こういった現実を踏まえて、何をすべきかを真剣に考える必要があります。私はＪリーグの外国人枠を撤廃してもいいとさえ考えています。

「外国人枠をフリーにしたら、１つしかないＧＫのポジションが全部外国人選手になって、日本の若手ＧＫが出られなくなり、もっと世界との差が開く」という懸念もあるとは思いますが、逆に「レベルの高いＧＫのプレーを間近で見て、刺激を受けたり、自分に足りないものを理解するチャンスになるから、外国人選手の門戸を開いた方がプラスになる」という考え方もできるのではないでしょうか。

　それが私の意見です。

　昨今のＪリーグを見ても、Ｊ１クラブの大半が韓国人や欧州からＧＫで占められている。その流れに歯止めをかけることはもはやできません。であるならば、この環境を利用しながら、日本人ＧＫを育てていく前向きな方策を考える方が合理的です。

　日本人ＧＫと世界トップレベルのＧＫに差があるのは、身長のせいでも、素材のせいでもない。アプローチ方法が定まっていないからという要因が大きいのではないでしょうか。我々はＧＫの育成に対して今一度、いい指導法を探していく時期に来ている気がします。

ポジションに適した専門性の指導（FP編）

専門性の高いGKとは異なり、フィールドプレーヤー（FP）の方はユーティリティ化が進んでいます。GK以外のポジションをどこでもやれるようになることが、これからのサッカー選手に求められる条件だと私は認識しています。

流経柏から2019年春に鹿島アントラーズへ進むことが決まっている関川郁万を例に取ってみると、本職はご存知の通り、センターバックです。このポジションの選手は試合中に相手のセンターフォワードと対峙する。その動きの特徴や特性を学ばせる意味で、彼自身にセンターフォワードをやらせることもあります。あるいは中盤でゲームコントロールすることの大切さを知ってもらいたくて、ボランチに上げることもある。

本人に足りない部分を自覚させつつ成長を促したり、チーム事情を勘案しながら、ポジションを入れ替えることは、育成年代ではよくあることだと思います。

サイドハーフとサイドバックというのも役割が似ている。フォーメーションも4―4―2だったらこの2つは別ですけど、3―5―2なら中間的な位置を取るウイングバックという違った役割もある。そういう仕事を臨機応変にこなせるようになるためにも、それぞれのポジションでのプレー経験を積まなければいけない。我々のチームでは1人の選手が1年間ずっと同じポジションで固定されているという例はありませんし、つねに役割がコロコロと変わるので、対戦相手も混乱していると思います。

そうやってポジションを変えるのは、チームや選手本人がどこか行き詰まっていたり、壁にぶつかっていたりする時が多い。定期的ということはなく、監督である私の判断になります。

ただ、選手に伝えているのは「4、5試合で結果を出せない選手は交代要員になる」ということ。

4－4－2で言えば、センターフォワードの2枚、中盤の4枚は特にそういうことが言える。彼らが得点、あるいはアシストに絡めなければ、チームが勝利するのは困難があるからです。

実際、この6枚は頻繁に変えています。主力とサブの入れ替えだけでなく、センターフォワードと攻撃的MFを変えたり、左利きと右利きでサイドを交換したりというのは臨機応変にやっています。かつて左利きの本田圭佑が右サイドに移ってゴールを量産したように、左利きを右サイドに配置したり、その逆もあります。ゲーム中のポジションチェンジも時には有効になる。そうやって選手たちに柔軟性を持たせることが、今のサッカーをやっていくための必須条件だと考えています。

このようにユーティリティ性は大切ですが、一方で各ポジションに応じた適正というものもあります。

例えばセンターフォワードであれば、１８０㎝以上の高さを持った選手とスピードのある選手の組み合わせが理想的。ただ、単に体が大きいと言っても、速さが全くない選手も問題。デカさと速さだったら、やはり大切なのは速さの方。リオネル・メッシ（バルセロナ）やエデン・アザール（チェルシー）にしても、高さはないですけど、一瞬の切り返しとか体のキレとか、際立った俊敏さを持っている。それがやはり重要なのです。

しかしながら、高校サッカーにはそういった人材が集まらないこともあります。その場合、高さが少し足りなくてもボールコントロールのできる選手を１人置いて、もう1人は運動量があってかき回せる選手を配置するというようにバランスを考えて起用します。

レスターが2015―16シーズンのイングランド・プレミアリーグ制覇の偉業を達成した時、ジェイミー・ヴァーディーと岡崎慎司の組み合わせが最高に機能していましたけど、ああいうコンビネーションが作ることができれば、チーム全体が円滑に回る。2人揃ってドリブラーとか、両方ターゲットマンといった組み合わせも状況や時間帯、対戦相手によっては考えられるのかもしれないけど、基本的にはやりません。

中盤に関しては、両サイドハーフがボランチもできるようにならないといけないという話はよくしています。近年のドイツ・ブンデスリーガ1部を席巻しているライプツィヒが4―2―2―2という特殊なフォーメーションで戦っていますが、彼らは真ん中の人数を増やして数的優位を作るのが狙い。サイドはやられてもそれほど怖くないけど、やはり怖いのは各ハーフコートの中央だという考え方が根強いのです。

イングランドでは、各ハーフコートを9分割、フルコートを18分割した際、味方陣内の中央（5番）と敵陣の中央（14番）が最も得失点につながりやすいというデータが出されています（P113図参照）。それを「ファイブゾーン」「フォーティーゾーン」と名付けていますが、ここを警戒する意味でもセンターの守りを強化しなければいけない。

一方で、「ファイブレーン」という概念もあります（P114図参照）。ピッチの横幅約60mを5分割して、外から2つ目の2つのゾーンからの得点が最も多いというデータもイングランドにはあるのです。このように中央の攻防が勝負の明暗を分けるため、「サイドハーフがボランチもできるようにならないといけない」という認識が高まっている。その重要性はデータからも言えることなのです。

流経柏ではもう1つ、「ゴールド」「シルバー」と名付ける位置も重要視しています（P115図参照）。これらのゾーンも得点確率が非常に高いエリアなのです。例えばシルバーの場合、ここをしっかりと守り切るためにも、やはりボランチの役割が重要になる。攻撃時は外にいるサイドハーフもボランチの位置まで絞って守りに当たらなければいけない。そういう戦術眼を養うことも高校生年代では必要なポイントだと思います。

ファイブゾーン

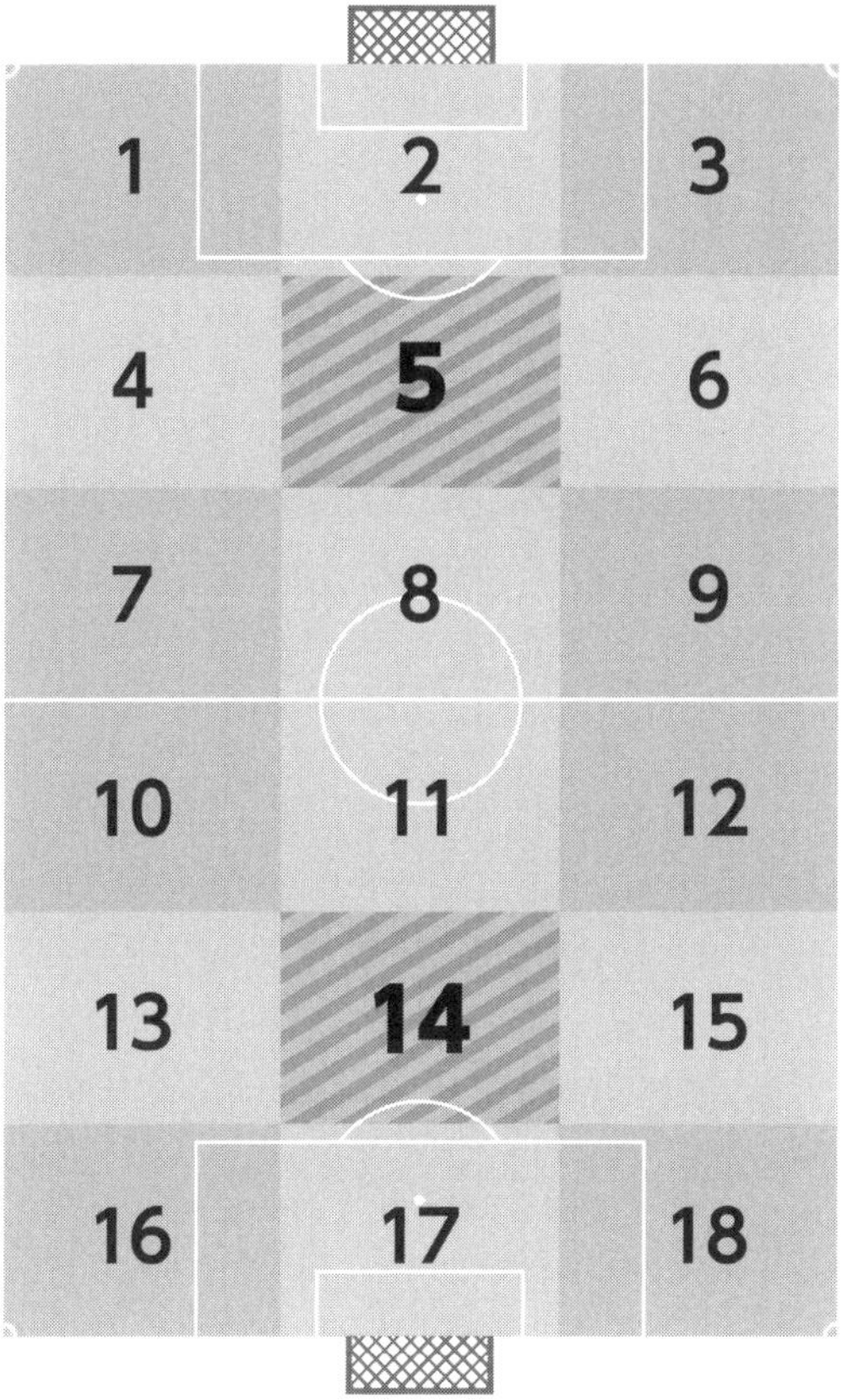

イングランドでは、各ハーフコートを9分割、フルコートを18分割した際、味方陣内の中央（5番）と敵陣の中央（14番）が最も得失点につながりやすいというデータが出されている。

ファイブレーン

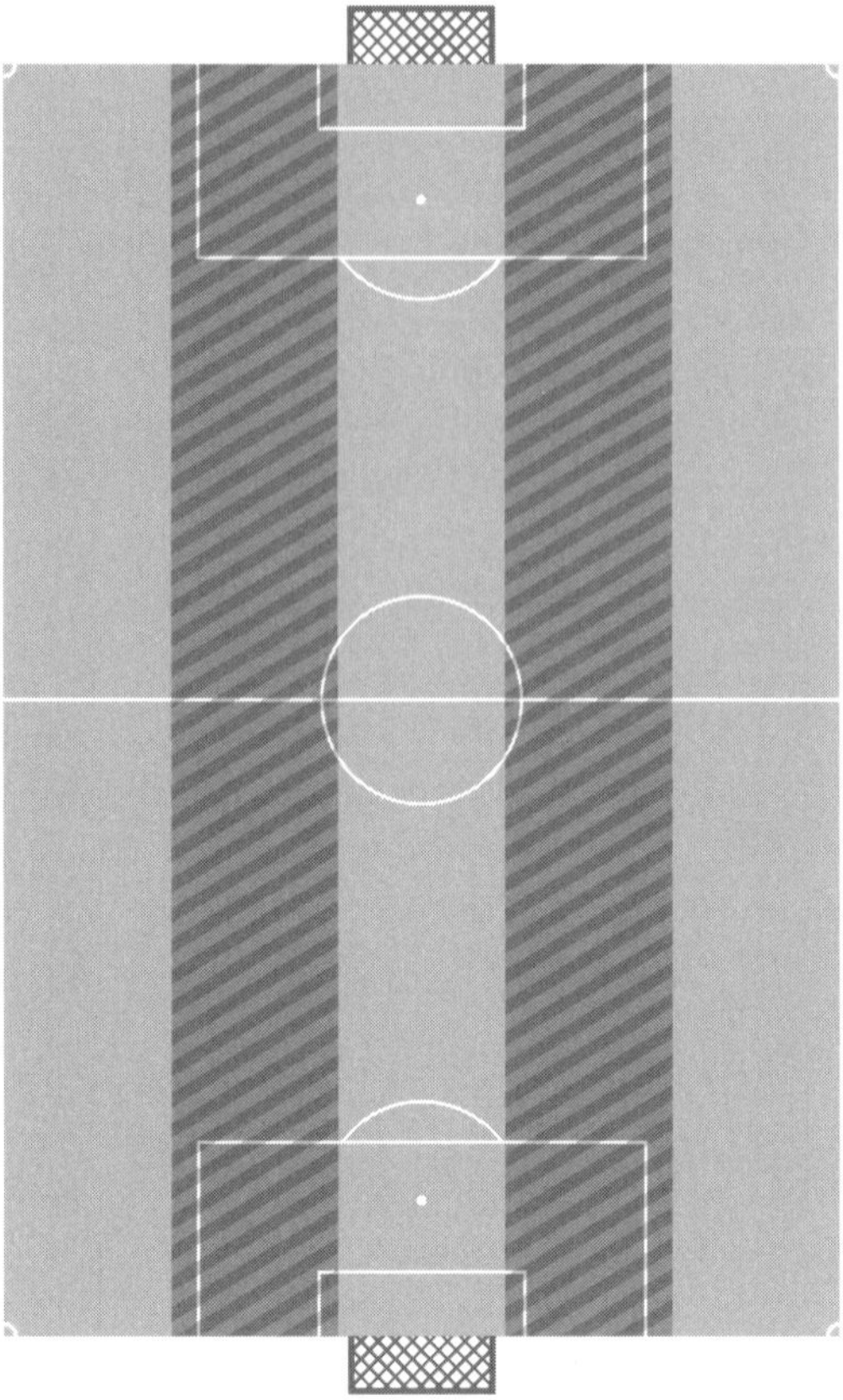

ピッチの横幅約60mを5分割して、外から
2つ目の2つのゾーンからの得点が最も多
いというデータもイングランドにはある。

ゴールドとシルバー

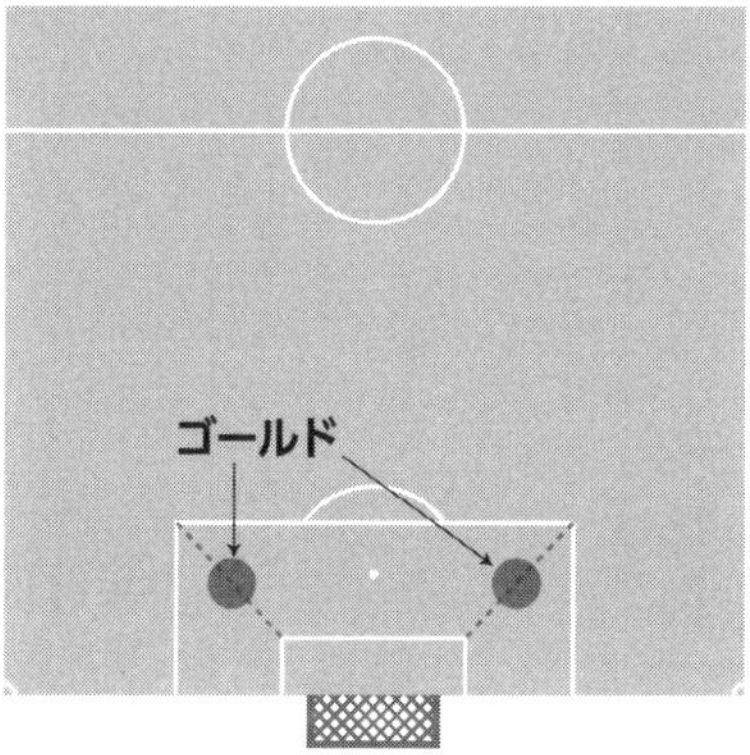

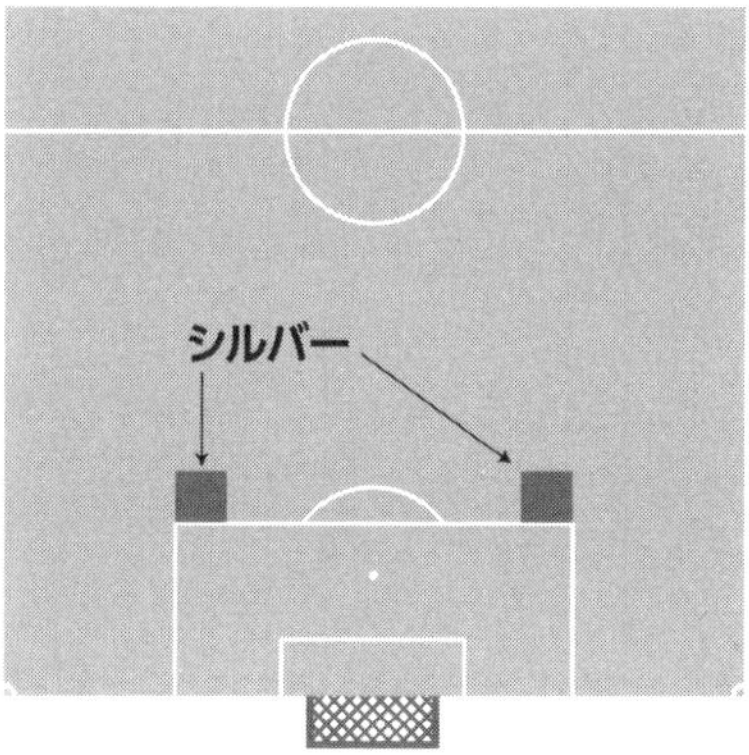

流経柏ではシュートポジション（ゴール確率が高い場所）を「ゴールド」と「シルバー」と名付けている。ゴールドはダイレクトシュートの確率が一番高く、センタリングに対しても最もマークしにくいポジション。一方、シルバーはドリブルシュートやアシストが多い場所となる。

そして、そのサイドハーフは攻撃になったら一気に外に開いてタテへ出て行けばいい。最初から外にいると足元でボールを受けがちで、攻めがスピードアップしづらいですけど、中から外にグッと開いて迫力を持ってサイドを駆け上がっていけば、前に前に出る推進力をより発揮できる。今の我々のチームコンセプトは「ボールを奪って速い攻めからゴールを狙うこと」ですから、このやり方が最適なのです。

「鉛筆の先のような攻撃をしてはいけない」というのがサッカーのセオリーで、サイドアタックをしたら中にセンタリングというのが通常のパターンかもしれない。けれども、私はあえてそれを推奨しています。そこで有効になってくるのが、先ほど説明した「シルバー」の位置。ここに入り込めば、高い確率でゴールを奪えます。

こういった基本戦術も指導しながら、多彩な仕事をこなせるフィールドプレーヤーを養成していくこと。それが日本サッカー界に課される命題でしょう。

育成年代でも取り入れたいITトレーニング

実戦に即したドイツのトレーニング例を紹介しましたが、彼らの先進的なところはそれだけではありません。

トッププロはもちろんのこと、育成年代でもIT技術を駆使したフィジカルトレーニングをするのが当たり前になっているのです。

バイエルンのU―16～18年代はピッチに姿を現した時からハートレートモニターを装着している。現地に赴いたのは２０１８年7月18日～28日。この時期は新たなシーズンに向けて始動しばかりで、フィジカル強化が重要なテーマになっていました。

彼らはグランドでの練習を行う前、血液検査を行って、乳酸濃度やクレアチン濃度を測定し、疲労度をチェックするところからスタートしたようです。さらに、ランニングマシン上での体力テスト（速度を変化させたり、タイムを測りながらスプリント）、10ｍ、20ｍ、30ｍの走力テスト、最大筋力や跳躍力といった細かい計測、柔軟性や可動域を含めた身体測定も入念に行ったと聞きました。サッカーの場合はグロインペイン（恥骨結合炎）が多いので、それを予防する意味でも股関節の状態を把握しておくことは必要不可欠なのです。

シーズン頭の計測というのは、欧州でのスタンダードだと思います。「ここからキャンプが始まるから、その前にきちんと体の現状に把握しましょう」という考え方が根付いているんでしょう。日本の場合はサッカーカレンダーの問題でも指摘した通り、オンとオフの境目がない。つねにトレーニングが行われているので、体力テストをするタイミングも明確になっていないのが現実です。その問題点を再認識するいい機会になりました。

これと同時期に、デュッセルドルフから車で8時間ほど南にあるオーストリア1部のレッドブル・ザルツブルグにも足を運び、午前中にトップチームの練習を視察し、午後からはU―18とU―15のトレーニングを見るチャンスに恵まれました。

そこで目に付いたのが、「デジタルブラジャー」とも呼ばれるGPSシステムが搭載された装具を全選手が身につけ、練習していたこと。

トップチームのみならず、U―18、U―15といった育成年代も例外なくやっていました。この装具を用れば、選手個々のスプリント回数や走行距離を自動計測できる。それらの数値をフィジオセラピストが分析し、各選手にフィードバックをしているといいます。

データを受け取った選手は自分の走りの傾向はどのようなものか、課題は何かを明確に認識できる。走れない選手の場合、なぜスプリント回数を増やせないか、走行距離が上がらないかを客観的に考えられますし、走り方の改善まで踏み込むこともできる。アスリートとしての能力を高めるうえで、GPSを使った計測というのは必須だと感じました。

ザルツブルグの育成部門では、このGPS以外にもテクノロジーを導入していると言います。最近、導入したのが「サッカーポッド」というトレーニングマシーン。これは、ボルシア・ドルトムントが採用したことで話題になった「Footbonaut（フットボナート）」に似ている装置だと説明を受けました。

ドルトムントのフットボナートは、14メートル四方の立方体の側面に8つのボール発射口があり、その中の1ヵ所から野球のピッチングマシンのようにボールが出てきます。これを別の面にある72の枠のうち、指定された1枠に蹴り返す練習をする装置だと言います。ザルツブルクのサッカーポッドの方はこの円型バージョン。いずれも認知と技術を同時に伸ばす画期的なマシンだと注目を集めています。

これに関しては導入からあまり時間が経っていないので、どの程度の効果があったかはハッキリ分かりませんでした。が、日本では考えられないようなテクノロジーを有効活用して、選手の成長を促そうとしているのは間違いない。その高度なアプローチには度肝を抜かれました。

欧州スタンダードを目の当たりにした私は、流経柏の現状を少しでも改善しようと、夏休みが終わる直前の8月末にGPSを12台導入しました。業者と交渉に交渉を重ねて1台3万円まで値切りましたが、12台でも36万円かかります。サッカー部のお金を管理している部長には当初、30台買いたいとお願いしたのですが「いやー、頑張りますけど、やっぱり30個は買えません」と苦しい台所事情を吐露され、とりあえず12台だけ買うことになったのです。

練習では数が足りず着用できませんが、ほとんどの試合では着用しています。

これまでの我々の部室にあったトレーニング器具は、バーベルやダンベルくらい。資金的にもスペース的にも限られている高校サッカー部はそれが普通の姿だと思います。

しかしながら、「お金がないからムリだ」「場所がないから何も置けない」と諦めてしまったら、いつまで経ってもサッカー先進国には追いつけません。

バイエルンやザルツブルクに少しでも近づきたいのなら、小さいところから見直しを図って、科学的トレーニングができるように環境を整える努力が必要です。自分から動かなければ何も変わらないと私は痛感し、ＧＰＳ導入に踏み切ったのです。

「デジタルブラジャー」の異名通り、選手たちは胸までのビブスを着て、背中の部分にＧＰＳを入れながらプレーするわけですが、小型なので何の違和感もないし、邪魔にもならないと彼らは話していました。しかも、走ったデータが出るわけですから、モチベーションも上がります。この装具で高円宮杯プレミアリーグの数試合の計測を行いましたが、チームで一番走る選手は１試合10㎞超。チーム平均だと７㎞くらいという数字が出ています。走れない選手は明確なデータを突き付けられるわけですから、次の試合では走らないわけにはいかなくなる。意識の変化は見て取れるようになりました。

これがあれば、走り込みのトレーニングもより効果的にできるという確信も持てました。

実はGPS導入直前の8月頭、10日間を1クールと捉えて2回の合宿を行い、走力を高めるアプローチを試みたのです。高校総体の千葉県予選に敗れて、全国大会に出場できなかったこともあり、夏休みの冒頭2週間くらいスケジュールが空いたので、その時間を有効活用しようというのが発端でした。

内容自体はハードな走り込み中心で、多くの選手が音を上げそうになるほどでしたが、持久力やスプリント回数は確実に伸びていました。この合宿にGPS導入が間に合っていれば、より詳細なデータが計測できたので、選手たちももっと納得して練習に取り組めたのではないかと残念に感じました。

やはり人間、数字を示されると逃げようがなくなる。数字が伸びれば伸びるほど、確固たる自信も湧いてくるでしょう。

「今までは後半35分になると足が止まってきつくなってたけど、今は後半ロスタイムまで走れる」という確信を持てれば、後半ロスタイムまで頑張れるかもしれない。科学的なデータというのはいいパフォーマンスを引き出す裏付けになります。そういう意味でも、ＧＰＳをはじめとしたテクノロジーの導入は、今後の日本サッカー界にとっての重要課題だと強調しておきたいです。

選手とのコミュニケーションが一方通行になっていないか

Ｊリーグ発足から25年が経過し、日本のサッカー指導者のレベルはかなり上がったと実感します。

日本代表やＪリーグに外国人指導者が数多く来たことで、世界基準がもたらされ、それがプロリーグだけでなく、アマチュアや育成年代にも伝わったからです。

高校サッカー界を見ても、小嶺先生、東福岡の志波芳則先生を筆頭にＪＦＡ公認Ｓ級指導者ライセンスを取得したコーチが多く、プロ顔負けの指導理論を学び、現場に還元しようとしています。

私自身はライセンスを取ってませんが、すでに話した通り、アルゼンチンやウルグアイ、スペインやドイツなどのサッカー強国に何度も赴き、最高レベルの指導を見る機会に恵まれています。「百聞は一見に如かず」と言いますが、座学でどんな高度な知識を得ようとも、自分の目で見たものは全然違う。そこに価値があると私は考えています。

そうやって海外研修に出かけたり、日本に外国人指導者を招いて勉強する機会が増えたことで、育成年代のコーチも意識が高まり、世界に通じるトップ選手を育てようと切磋琢磨するようになった。日本代表がワールドカップ6回連続出場を果たせたのも、そんな人々の努力があってこそ。そこは評価されてしかるべきです。

けれども、受け手である選手の方は前進のスピードがやや遅れている。とりわけ、メンタリティや考える力、コミュニケーション能力はあまり伸びていないと感じるケースが少なくありません。

小学生の時は、大人に「おはよう」とかけられて、「おはようございます」と言えた子供が、高校生になると挨拶1つできなくなってしまう。もちろん挨拶が大事だということは全員が理解しているけど、大きな声で「おはようございます」と言うことが恥ずかしいのか、「チェス」とか「チース」といった暗号のような言葉で済ませてしまう。

友達同士ならそれでもいいのかもしれないけど、通りすがりの近隣のおばさんにも「チェス」と口から出かかってしまう。「こんにちは。お元気ですか」と場に合わせた挨拶さえできないのが実情なのです。それをどこかで悪いと感じているから、黙ったまま済ませてしまう。

社会性がないなというのが、今の高校生を間近で見ている私の感想です。

流経柏のサッカー部では、少しでもそういう現状を打開しようと、入学してきた1年生に挨拶の練習をさせています。電信柱に向かって「おはようございます」「こんにちは」「ありがとうございます」と大声で繰り返し言うところからスタートする。「流経柏では挨拶練習があるんだってね」と噂されているようですが、サッカーのグランドはそれだけ広いということを理解してもらう必要がある。その中で全体に伝わるような大きな声を出せないと戦えません。

実際、高校選手権の決勝に行けば、6万3000人収容の埼玉スタジアムの8割方のスタンドが埋まり、両チームの応援合戦もあるので、大変な雰囲気になります。そこでピッチ上の選手が指示を伝え合うというのは非常に難しいこと。流経柏に来た選手はそういう舞台でプレーすることを目標にしているのだから、当然、それだけの資質を養わなければいけない。単に挨拶をきちんとするだけを求めているのではなく、私の真の狙いはそこにあるのです。

「大声を出せ」と常日頃から選手たちに要求していますが、それをグランド以外でやろうとする人間もいて、場の空気を読めない現実を痛感させられます。前述の近隣住民に対する挨の問題と共通していますが、健康診断なんかで私と会った生徒がいきなり「こんにちは〜」と大きな声で言ってくることもあって、ビックリさせられます。

「今は心電図の検査をしているんだから、黙礼をすればいいんだ」

こう語り掛けると「モクレイってなんですか」と返してきた選手がいたのは面食らいました。そこでホワイトボードを持ち出し、「黙礼」と書いて説明したところ「ああ〜」と納得していましたが、そういう常識もない。やはり家庭環境、社会環境含めて、健全な子供たちの育成にプラスになっていないのだなと残念に感じます。

場をわきまえながら対処でき、必要な場面では大きな声で堂々と指示できるような選手に私は何人か巡り合ってきました。プロサッカー選手になった選手はそういう人間が大半を占めています。

例えば、飯田真輝（松本山雅）、長谷川悠（清水）、呉屋大翔（徳島）、青木亮太（名古屋）、小泉慶（柏）……。彼らの顔が思い浮かびます。

飯田はしっかりしているし、自分の意見をハキハキ伝えられる。松本山雅でも長くキャプテンマークを巻いたと聞きますから、それだけチーム内で信頼されているということだと思います。

長谷川悠も真面目で爽やかなキャラクターで人間的にもリスペクトできる。呉屋も同様ですし、青木は少し大人しいけど、言うことは言う。聞く能力がすごく高い子だと感じていました。風間八宏監督のような理論派の監督から起用されるためには、しっかり指示を聞いて実践できないと難しい。習志野時代の教え子の玉田圭司（名古屋）もそうですけど、やはりコミュニケーション能力がなければ、プロでやっていくことはできないでしょう。

レギュラーになれなかったり、試合に出られなかったりする選手の中にも、自分から話ができ、聞く耳を持つ人間はいます。逆に何かを言われてすぐ不貞腐れる子もいる。彼らは何も言わないけど、表情で感情を示す。「顔で話をするな。俺は手話をできないから」と嫌味を言うこともありますけど、それではサッカーは成り立ちません。

私が高校サッカーの指導を続けていく限り、コミュニケーションの重要性は伝え続けていくつもりです。それを全国の育成コーチたちも感じて、自分のクラブやチームで何らかのアクションを起こし続けることしか、現状は変わらないと思います。家庭環境や社会環境が変化した分、我々スポーツに携わる人間が行動を起こさなければいけない。

子供たちのコミュニケーション力を高められるのは自分たちであることを、我々指導者は再認識すべき時期に来ているのです。

指導者ライセンスは本当に必要なのか

ここまで話したように、指導者というのは単にサッカーを教えるコーチという側面だけでなく、時には教師であり、メンタルトレーナーであり、先輩であり、父親という異なる顔を持っています。

多彩な役割を担っているからこそ、日々、新たな情報をインプットし、進化する努力を続けていかなければなりません。私は、70歳を超えた今も強くそう自覚しています。

指導者としての勉強方法はさまざまです。一番手っ取り早いのが、コーチングライセンス研修に参加することだと思います。

日本サッカー協会の公認指導者ライセンスはS級を頂点としたピラミッドになっています。その下にA級コーチ・ジェネラル（U−15、U−12）というのがあり、日本体育協会（略称＝体協）公認上級コーチとしても認定されます。その下にB級コーチ（体協公認コーチ）、C級コーチ（体協公認指導員）、D級コーチ（JFA公認）、キッズリーダーというライセンスが存在します。

このピラミッドに加え、現在はGKのA級・B級・C級コーチ、フットサルのA級・B級・C級コーチがあり、かなり細分化されているという印象です。

この中の最高峰らセンスであるS級は、ご存知の通り、Jリーグなどプロチームを指導するのに必要なもので、1年間かけて座学や指導実践、国内・海外クラブの研修を経て、取得できる難易度の高いもの。費用も高額だと聞いています。そのS級ライセンス自体の存在は重要だと思いますが、1つ要望があるとすれば、外国語力という項目を付け加えてほしいことです。

サッカーのような国際性の高い競技は、海外との行き来は当たり前。ロシアワールドカップ日本代表の3分の2が海外組で、長谷部がドイツ語、川島永嗣（ストラスブール）が英語とフランス語など6カ国語、長友佑都（ガラタサライ）がイタリア語、本田や吉田麻也（サウサンプトン）が英語を操る時代になっているんですから、コーチの方も何か1つ言語を話せるようにならないといけない。そうあるべきだと感じます。

そういった要素を含めて、プロのコーチというのは、模範となるべき存在。優秀な人材は年齢に関係なく評価して、抜擢するような日本サッカー界になっていく必要があると感じます。

ドイツの場合は、28歳でドイツ・ブンデスリーガ1部のホッフェンハイムの監督に就任したユリアン・ナーゲルスマン、31歳で名門・シャルケの監督に抜擢されたドメニコ・テデスコに象徴される通り、優秀であれば若くてもビッグクラブ

JFA公認指導者ライセンス制度

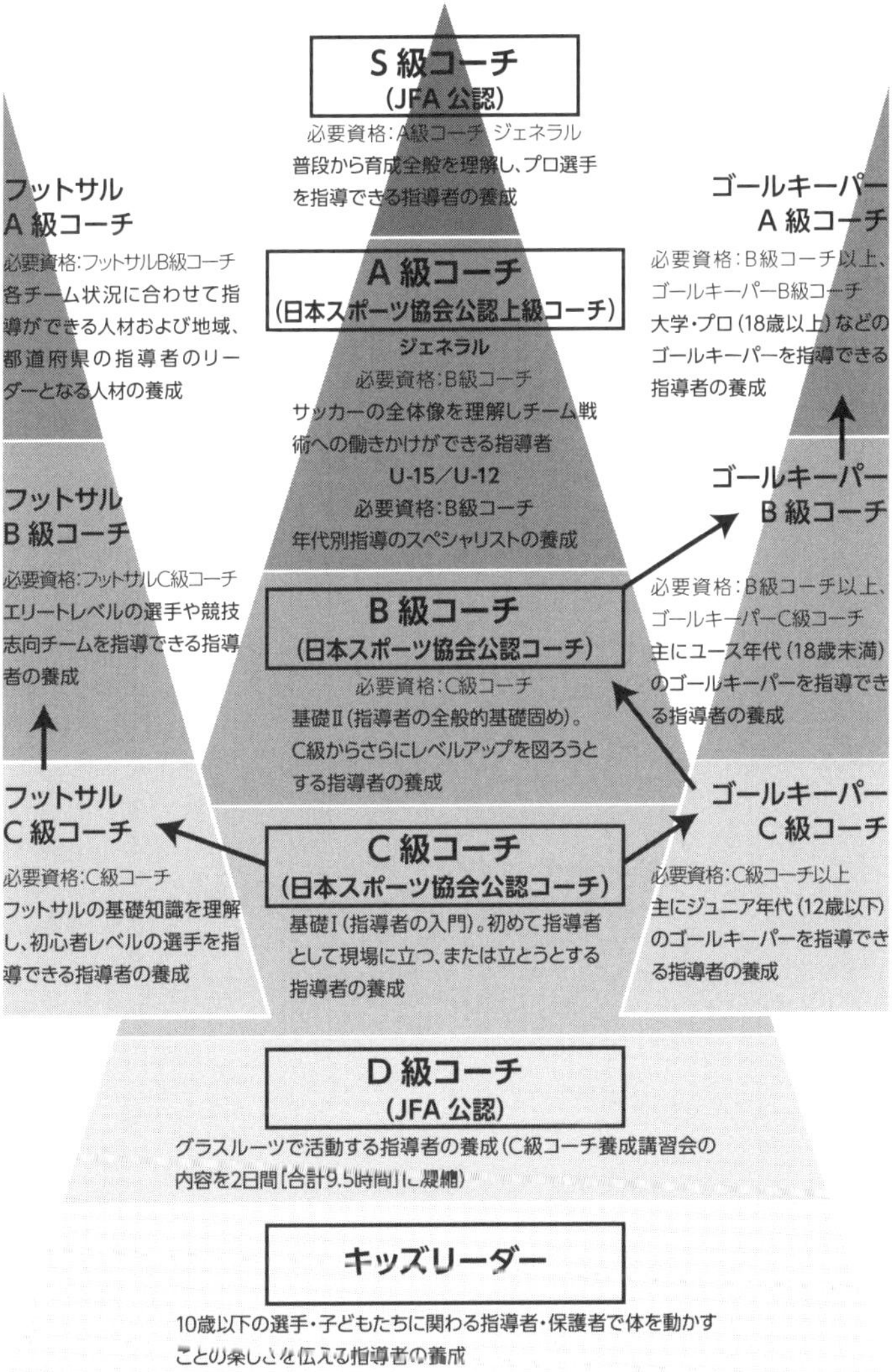
S級コーチ
(JFA公認)
必要資格:A級コーチ ジェネラル
普段から育成全般を理解し、プロ選手を指導できる指導者の養成
フットサル
A級コーチ
必要資格:フットサルB級コーチ
各チーム状況に合わせて指導ができる人材および地域、都道府県の指導者のリーダーとなる人材の養成
ゴールキーパー
A級コーチ
必要資格:B級コーチ以上、ゴールキーパーB級コーチ
大学・プロ(18歳以上)などのゴールキーパーを指導できる指導者の養成
A級コーチ
(日本スポーツ協会公認上級コーチ)
ジェネラル
必要資格:B級コーチ
サッカーの全体像を理解しチーム戦術への働きかけができる指導者
U-15/U-12
必要資格:B級コーチ
年代別指導のスペシャリストの養成
フットサル
B級コーチ
必要資格:フットサルC級コーチ
エリートレベルの選手や競技志向チームを指導できる指導者の養成
ゴールキーパー
B級コーチ
必要資格:B級コーチ以上、ゴールキーパーC級コーチ
主にユース年代(18歳未満)のゴールキーパーを指導できる指導者の養成
B級コーチ
(日本スポーツ協会公認コーチ)
必要資格:C級コーチ
基礎Ⅱ(指導者の全般的基礎固め)。C級からさらにレベルアップを図ろうとする指導者の養成
フットサル
C級コーチ
必要資格:C級コーチ
フットサルの基礎知識を理解し、初心者レベルの選手を指導できる指導者の養成
C級コーチ
(日本スポーツ協会公認コーチ)
基礎Ⅰ(指導者の入門)。初めて指導者として現場に立つ、または立とうとする指導者の養成
ゴールキーパー
C級コーチ
必要資格:C級コーチ以上
主にジュニア年代(12歳以下)のゴールキーパーを指導できる指導者の養成
D級コーチ
(JFA公認)
グラスルーツで活動する指導者の養成(C級コーチ養成講習会の内容を2日間[合計9.5時間]に凝縮)
キッズリーダー
10歳以下の選手・子どもたちに関わる指導者・保護者で体を動かすことの楽しさを伝える指導者の養成

の指導者になれる道が開かれています。

実際、ナーゲルスマン監督はホッフェンハイムを大躍進させ、史上最年少のUEFAチャンピオンズリーグ（UCL）出場指揮官になりましたし、テデスコ監督も近年低調な時期が続いたシャルケを1年で立て直してUCLの舞台へ導いた。そこで少し指導を受けた内田篤人（鹿島）も「自分のやりたいサッカー、目指しているものに徹底して取り組む感じ。戦術も細かいし、かなり複雑。それを叩き込むために妥協を許さない」と語っていたといいます。

そういう野心溢れる指導者が日本からもどんどん出てきてほしい。学閥や人脈で左右されがちなこの国ではなかなか難しいことかもしれませんが、新風を吹かす人材が出てきてくれることを願います。

現役選手を続けながら、8月からカンボジア代表の実質的な監督に就任した本田圭佑などは、情熱と野心に満ち溢れていて、サッカー界全体に刺激をもたらしてくれる人物だと思います。

「プロ経験者は筆記試験だけでライセンスを取れるようにすべき」

彼のこうした主張には賛否両論が渦巻いています。

本田自身は新天地で新たな一歩を踏み出したばかりなのに、国際Ａマッチデーにはカンボジアへ赴いて指導する多忙さで、それ以外にもサッカースクールの経営やオーストリア２部・ＳＶホルンなどのクラブ経営、投資ファンドにまで手を出しているので、本当に時間がないのでしょう。

コーチングスクールに行きたくても行っている余裕がないし、この先も何年間かを費やしてＪＦＡ公認Ｓ級ライセンスを取る時間は作ることができなそうです。だからこそ「ペーパーテストにしてほしい」という発言が出る。我々学校の教師も仕事が山積していて多忙ですから、彼の事情にも理解はできます。

ただ、スポーツ選手を扱うためには、人間の体の機能を学問的に学んでおく必要があります。

私は体育系大学を出ているから分かりますが、体育原理や解剖学、運動生理学、スポーツ心理学・社会学・経営学など基本的知識はしっかりと体得しなければいけない。人間の体がどのように回復するかを知らなければ、それこそブラック部活の指導者のような理不尽な走りや負荷のかかるメニューを課してしまう恐れも否定できない。たとえトップレベルのプレー経験がある選手でも、そういった理論を学ぶことは必須だと考えます。

それを現在のS級のように1年間通って、さらに国内・海外クラブでの指導を1年行うといった長期間のカリキュラムで行うのは疑問を感じます。彼のように通えない事情を抱えている人は少なくない。

Jクラブの指導者であれば、チームの配慮によって行ける状況になるかもしれませんが、そういう人はなかなかいない。もう少し現実に即したカリキュラムに見直してほしいと思います。

私自身は指導者ライセンスを取得していませんが、我々の時代はまず県協会の推薦がないと受講すらいけなかった。その順番を決めるのも県協会の主観で、派閥のようなものがあったと感じています。実際、私には「受講しませんか」という誘いもなかった。それでも生徒を鍛えて、ある程度のレベルに引き上げている実績はあります。そういう部分はライセンスでは判断できない。そこが難しいところではないでしょうか。

本田圭佑のように実績も情熱もある人物は、確かに別のルートがあっていい。現状のライセンス制度で縛るのではなく、特別のキャリアや能力、才能があると判断された人間には飛び級で最高峰ライセンスを与えるような柔軟性もあっていい。それが私の意見です。

そういう環境になれば、高校サッカー界でももっと若い監督が活躍できるようになるかもしれません。最近は若手の台頭が少ない。そこは危惧すべき点でしょう。

私がこれまで「この指導者は能力がある」と感じた人物は何人かいます。例えば、四日市中央工業の樋口士郎監督。今はベテランの域に達してしまいましたが、選手を伸ばす能力に長けていました。浅野拓磨（ハノーファー）も彼のところに行ったから、日本代表まで上り詰めることができたのかなと思います。

J3・ザスパクサツ群馬の監督を務めている布啓一郎には大いに刺激を受けました。まだ私が習志野にいた頃、市立船橋を率いていた彼とは毎回のようにバトルを繰り返す仲でしたが、あれだけ勝つことに徹した男は見たことがない。30代で一気に頭角を現し、若くして選手権制覇4回という偉業を達成したのは布だけ。そこはリスペクトに値します。

その下の世代だと、青森山田の黒田剛、立正大淞南の南健司と40代の監督が中心。今は30代以下の指導者が活躍しづらい状況になっているのかもしれません。

そういう中で結果を残し、優れた選手を育て上げることができるのは、やはり情熱と行動力、そして成果を併せ持った人間。その3つのポイントは強調しておきたいところです。

私が若かった頃、日参した地元・静岡の名将・井田さんは、まさにその3つを兼ね備えていた指導者でした。まだ高校サッカー界にプロコーチというものがいなかった時代に静岡銀行を辞め、静岡学園のプロコーチになるなど、誰も考えられない破天荒な行動に他ならなかった。ブラジルにせっせと通い、ボールテクニックを追求し、ブラジル体操を導入するといった取り組みも斬新でした。今も井田さんのファンは少なくないですが、世の中をあっと言わせるような行動を取れる若いコーチはなかなかお目にかからなくなった。そこは長年、この世界にいる私としては寂しい点です。

学校を取り巻く環境も変わり、教員が今ある枠組みを逸脱したような動きがしづらくなっていることも、斬新な指導者を少なくしている一因ではあると思います。だからこそ、育成年代にもプロコーチの導入を進めていくべきなんです。プロのコーチであれば、サッカーに関しては新たなものをどんどん持ち込める。学校も保護者も地域もそれを後押ししやすいでしょう。ライセンスを取って、海外に行き、そこで経験を積んで、それを還元することも可能だと思います。

そういうオープンマインドを持った若いプロコーチが増えれば、高校サッカーやユース年代のサッカーも変わっていく。

前向きな変化に期待します。

Ｊクラブの指導者よ、もっとがんばれ！

日本の選手育成を高校サッカーが引っ張ってきたのは紛れもない事実。Ｊリーグが発足前は高校選手権が日本最大のサッカーイベントだったことは、誰もが認めるところでしょう。

その後、Ｊクラブが誕生し、アカデミーが作られ、ジュニア、ジュニアユース世代の優秀なタレントたちが次々とＪクラブに進むようになりました。「10年後には『エリート養成機関』であるＪクラブから日本代表のほとんどが育つ時代が訪れる」と考える関係者が少なくなかった。

実際、日本代表選手に占めるJクラブ出身者の割合は徐々に増えていきました。日本が1998年フランスワールドカップに初参戦した頃は22人全員が高体連出身。「サッカー王国」と言われた静岡出身者が半数以上を占めていました。それが4年後の2002年日韓大会になると、ガンバ大阪ユース出身の宮本恒靖（ガンバ大阪監督）と稲本潤一（札幌）、清水エスパルスのジュニアユース・ユースで育った市川大祐（清水普及部）、鹿島アントラーズユースで過ごした曽ヶ端準（鹿島）と4人のJクラブ育ちが日本代表に名を連ねたのです。

2006年ドイツ、2010年南アフリカ大会では6人（横浜マリノスジュニアユース出身の中村俊輔、ガンバ大阪ジュニアユース出身の本田圭佑含む）に増え、2014年ブラジル大会では11人がJアカデミーを経由するまでになりました。

そして2018年ロシア大会に至っては、その数が13人と過半数を超えるに至った。

もちろん武藤嘉紀（ニューカッスル）のように慶應義塾大学経由で代表入りした者、東口順昭（G大阪）のように洛南高校、福井工業大学、新潟経営大学と回り道してロシア行きの切符を手にした者、昌子源（鹿島）のようにガンバのジュニアユースをやめて、米子北高校で才能を開花させた者と、それぞれの歩んだ道のりはさまざまですが、Ｊクラブが何らかの形で関与したのは間違いない。それだけＪクラブの存在価値や影響力が大きくなっているということだと思います。

２０１８年現在のＪリーガー出身クラブ（ユース年代）ランキングというのを見ても、Ｊクラブが上位を占めているのは確かです。

Ｊ１・Ｊ２・Ｊ３合計で最多人数を輩出しているのはガンバ大阪ユース。稲本や家長昭博（川崎）、倉田秋（Ｇ大阪）ら46人のＪリーガーを育てています。ジュニアユースに所属した本田や昌子、海外組の宇佐美貴史（デュッセルドルフ）や井手口陽介（グロイター・フュルト）、堂安律らを加えれば、ガンバが一大勢力なのはサッカー界全体の共通認識だと思います。

２位がＦＣ東京の45人、３位が横浜Ｆ・マリノスユースの44人。４位は２チームあって東京ヴェルディユースと柏レイソルＵ―18の41人、６位がサンフレッチェ広島ユースの37人という数字です。続く７位にランクインするのが、高体連のトップである我々流経柏とセレッソ大阪Ｕ―18の34人。同じ千葉県の市船は１

2018年Jリーガー出身ランキング（高校）

1位　流経大柏高／34人（J1：11人／J2：20人／J3：3人）
主な出身Jリーガー：大前元紀（大宮）、小泉慶（柏）

2位　市立船橋高／33人（J1：10人／J2：17人／J3：6人）
主な出身Jリーガー：増嶋竜也（千葉）、杉岡大暉（湘南）

3位　前橋育英高／24人（J1：6人／J2：8人／J3：10人）
主な出身Jリーガー：青木剛（熊本）、細貝萌（柏）

4位　静岡学園高／22人（J1：8人／J2：10人／J3：4人）
主な出身Jリーガー：三浦知良（横浜FC）、大島僚太（川崎）

5位　青森山田高／20人（J1：6人／J2：10人／J3：4人）
主な出身Jリーガー：櫛引政敏（山形）、神谷優太（愛媛）

6位タイ　国見高／18人（J1：11人／J2：6人／J3：1人）
主な出身Jリーガー：大久保嘉人（川崎）、中村北斗（長崎）

6位タイ　東福岡高／18人（J1：6人／J2：8人／J3：4人）
主な出身Jリーガー：本山雅志（北九州）、福田湧矢（G大阪）

8位　桐光学園高／17人（J1：6人／J2：6人／J3：5人）
主な出身Jリーガー：中村俊輔（磐田）、小川航基（磐田）

9位　帝京高／15人（J1：3人／J2：5人／J3：7人）
主な出身Jリーガー：田中達也（新潟）、大久保拓生（FC東京）

10位　清水商高（現・清水桜が丘高）／14人
（J1：7人／J2：5人／J3：3人）
主な出身Jリーガー：小野伸二（札幌）、川口能活（相模原）

2018年Jリーガー出身ランキング（ユース）

1位　ガンバ大阪ユース／46人（J1：21人／J2：17人／J3：8人）
主な出身Jリーガー：初瀬亮、倉田秋、稲本潤一（札幌）、家長昭博（川崎）

2位　FC東京U-18／45人（J1：21人／J2：10人／J3：14人）
主な出身Jリーガー：梶山陽平、久保建英、権田修一（鳥栖）、李忠成（浦和）

3位　横浜ユース／44人（J1：27人／J2：10人／J3：7人）
主な出身Jリーガー：栗原勇蔵、遠藤渓太、田中隼磨（松本）、齋藤学（川崎）

4位タイ　東京Vユース／41人（J1：15人／J2：21人／J3：5人）
主な出身Jリーガー：井上潮音、渡辺皓太、高木俊幸（C大阪）、安西幸輝（鹿島）

4位タイ　柏U-18／41人（J1：22人／J2：12人／J3：7人）
主な出身Jリーガー：中村航輔、大谷秀和、近藤直也（千葉）、秋野央樹（湘南）

6位　広島ユース／37人（J1：14人／J2：16人／J3：7人）
主な出身Jリーガー：森崎和幸、川辺駿、柏木陽介（浦和）、槙野智章（浦和）

7位　C大阪U-18／34人（J1：15人／J2：1515人／J3：4人）
主な出身Jリーガー：杉本健勇、柿谷曜一朗、扇原貴宏（横浜）、永井龍（松本）

8位　浦和ユース／28人（J1：7人／J2：17人／J3：4人）
主な出身Jリーガー：山田直輝、宇賀神友弥、矢島慎也（G大阪）、髙橋峻希（神戸）

9位　京都U-18／24人（J1：6人／J2：13人／J3：5人）
主な出身Jリーガー：下畠翔吾、若原智哉、駒井善成（札幌）、原川力（鳥栖）

10位タイ　札幌U-18／23人（J1：11人／J2：8人／J3：4人）
主な出身Jリーガー：深井一希、菅大輝、西大伍（鹿島）、奈良竜樹（川崎）

10位タイ　大分U-18／23人（J1：5人／J2：13人／J3：5人）
主な出身Jリーガー：後藤優介、岩田智輝、西川周作（浦和）、清武弘嗣（C大阪）

10位タイ　神戸U-18／23人（J1：13人／J2：6人／J3：4人）
主な出身Jリーガー：藤谷壮、岩波拓也（浦和）、松村亮（長野）、小川慶治朗（湘南）

人少なくて33人で、全体の9位に入っています。
総数20人以上というチームは結構多くて、Jクラブで言えば、浦和レッズユース（28人）、京都サンガU―18（24人）、コンサドーレ札幌U―28（23人）、大分トリニータU―18（23人）、ヴィッセル神戸U―18（23人）と5チームあり、高体連でも前橋育英（24人）、静岡学園（22人）、青森山田（20人）と3チームある。このあたりは高円宮杯プレミアリーグにも参戦経験のある強豪で、全国から選手が集まっている分、Jクラブと互角に渡り合えるだけの選手層が揃っていると思います。

この数字を見ても、やはりJクラブ優位になりつつあるのが現実ですが、その勢いは当初予想ほどではないというのが私の見方です。

ロシア大会メンバーの半数以上が高体連や大学サッカーを経験した選手ですし、森保監督の初陣だったコスタリカ戦のスタメンでも、拓殖大学出身の小林悠（川崎）や作陽高校からサンフレッチェ広島入りした青山敏弘、神奈川大学時代は無名選手だった佐々木翔（広島）といった面々がスタメンでピッチに立っていました。3点目を挙げた伊東純也（柏）も鴨居SCという町クラブから横須賀シーガルスに進んで中学時代を過ごし、逗葉高校、神奈川大学を経てプロになるという日の当たらないキャリアを積み上げてきた苦労人だと聞きます。

そんな彼らを見れば、Ｊクラブだけがトップ選手を輩出しているわけではないことがハッキリする。その現実をＪクラブはもっと重く受け止めるべきだと考えます。

とりわけ気になるのは、「オリジナル10」と呼ばれるＪクラブの育成実績が芳しいとは言えないこと。前述の通り、ガンバ、マリノス、ヴェルディ、サンフレッチェの４チームは上位を占めていますし、日本代表クラスの選手も送り出しているからまだいいですが、他のチームは高体連上位チームよりも実績が出ていない。

例えば、清水エスパルスは25年間の歴史があり、約１億円のアカデミー年間予算を計上して選手強化をしてきたにもかかわらず、ワールドカップに行ったのは市川大祐だけ。年代別代表なら、今季Ｊ１で得点を積み重ねている北川航也や東京五輪代表有力候補の立田悠悟など何人も出ていますけど、それが最高峰に上り詰めるところまで行かない。小学校、中学校、高校という各年代の頭抜けた才能を持つ選手を集めているはずなのに、この結果にはやはり疑問を抱かざるを得ません。

外から見る立場だと、Ｊクラブはジュニア、ジュニアユース、ユースのつながりが薄いのではないかという印象です。

12歳、15歳、18歳とほとんどが落伍していき、一握りの選手しかトップに上がれないのに、外から有力選手を取るという形が多すぎるように感じられる。その結果、外にはじき出された選手は高校や大学へ行ってプロを目指そうとする。他のＪクラブに行ってもいいはずなのに、高額な移籍金が発生するから、簡単には他クラブに行けない。

そこで裏技として、最近はＪユースに在籍していた高校生が途中でクラブを辞めて、高体連に移籍するケースも出てきました。そうすれば彼らは特定のＪクラブの縛りから外れることができる。神谷優太（愛媛、東京ヴェルディユースから青森山田へ転校）や中村駿太（山形、柏U－18から青森山田へ転校）らが好例ですが、そういう道を選ぶ選手はどんどん増えそうな気配です。

このようにＪクラブはジュニアかジュニアユース時代から大事に育ててきた金の卵をみすみす外に出してしまっている。上のカテゴリーに上がれなかった中村俊輔や本田圭佑もそうですけど、才能を十分に伸ばせず、プロとして大成させられないというケースが非常に多いと痛感します。

年間1億円ものアカデミーに対する投資を回収するどころか、ドブに捨てているといっても過言ではない。それは同じ育成に携わる人間として納得できないところです。

一方で、アカデミーに携わる指導者の問題もあると思います。

Jクラブには育成のスペシャリストがまだまだ少ない。今季の高円宮杯プレミアリーグに参加しているチームを見ると、鹿島アントラーズユースの熊谷浩二監督は2014年に就任してまだ5年目。今季プレミアイーストでトップを走るなど実績は残していますが、経験値はまだ少ないでしょう。2018年夏の日本クラブユース選手権で優勝した清水ユースの平岡宏章監督も熊谷監督と同じ2014年から指揮を執っています。

ウエストのトップを走っている京都サンガU―18も2017年から岸本浩右監督が指揮を執っていましたが、2018年夏に辞任。同じくウエストの名古屋ユースも古賀聡監督が2018年から就任したばかりと、10年以上継続的に指導する

	中学時代	高校時代	大学時代
	ガンバ大阪ジュニアユース	洛南高	福井工業大／新潟経営大
	FC東京U-15	FC東京U-18	
	東北学院中	東北学院高	中央大
	サンフレッチェ広島ジュニアユース	サンフレッチェ広島ユース	
	横浜F･マリノスジュニアユース	城山高	神奈川大
	熊本市立長嶺中	大津高	筑波大
	横浜市立南戸塚中	湘南ベルマーレユース	
	ゼッセル熊取FCジュニアユース	青森山田高	明治大
	宇土市立住吉中	大津高	
	FC豊橋デューミラン	大阪桐蔭高	
	アビスパ福岡U-15	アビスパ福岡U-18	
	KSS HAJAXS FC	作陽高	
	セレッソ大阪U-15	セレッソ大阪U-18	
	静岡学園中	静岡学園高	
	横須賀シーガルズ	逗葉高	神奈川大
	東京ヴェルディジュニアユース	東京ヴェルディユース	
	セレッソ大阪U-15	セレッソ大阪U-18	
	東京ヴェルディジュニアユース	東京ヴェルディユース	
	柏レイソルU-15	柏レイソルU-18	
	ガンバ大阪ジュニアユース	ガンバ大阪ユース	
	町田JFCジュニアユース	麻布大学附属渕野辺高	拓殖大
	セレッソ大阪U-15	セレッソ大阪U-18	
	菰野町立八風中	四日市中央工業高	

※23人中　ユース出身11人　高校出身12人

キリンチャレンジカップ2018（9月）日本代表メンバーの経歴

Po	選手名	小学時代	
GK	東口 順昭	日吉台ウイングス／FC OWLS	
GK	権田 修一	さぎぬまSC	
GK	シュミット・ダニエル	八幡SSS・仙台スポーツシューレFC	
DF	槙野 智章	井口明神FC／井口明神FC	
DF	佐々木 翔	栗原FC／横浜F・マリノスプライマリー	
DF	車屋 紳太郎	タイケンスポーツクラブ熊本／太陽スポーツクラブ熊本／熊本ユナイテッドSC	
DF	遠藤 航	南戸塚SC	
DF	室屋 成	ゼッセル熊取FCジュニア	
DF	植田 直通	緑川少年SC	
DF	三浦 弦太	FC豊橋リトルJセレソン	
DF	冨安 健洋	三筑キッカーズ	
MF	青山 敏弘	川鉄SS	
MF	山口 蛍	箕曲WEST S.C	
MF	大島 僚太	船越SSS	
MF	伊東 純也	鴨居SC	
MF	中島 翔哉	松が谷FC／東京ヴェルディ	
MF	南野 拓実	ゼッセル熊取FCジュニア	
MF	三竿 健斗	横河武蔵野FCジュニア／東京ヴェルディジュニア	
MF	伊藤 達哉	ブルーファイターズ／柏レイソルU-12	
MF	堂安 律	西宮SS	
FW	小林 悠	町田JFC	
FW	杉本 健勇	FCルイラモス・ヴェジット	
FW	浅野 拓磨	ペルナSC	

監督が滅多にいません。

かつて広島ユースを強豪に押し上げ、槙野や柏木陽介ら日本代表を育てた森山佳郎監督（現U―16日本代表）は高体連の監督のような存在でしたが、すでにナショナルコーチに転身している。彼のような人材が各クラブにいて、エリートを心身ともに鍛え上げられる環境がなければ、やはり難しいと思います。

欧州トップクラブには、育成のスペシャリストというべき人材が必ずいる。現在はトップチームを率いているが、フライブルグのクリスティアン・シュトライヒ監督は、一貫して若手起用をし、成功を収めています。

バイエルンの場合でも各世代のチームに百戦錬磨の指導者が揃い、選手個々の長所短所をしっかりと把握しながら、細かいところまで行き届いたアプローチをしていると聞いています。それだけの人材と環境を揃えて初めて、Jクラブも欧州ビッククラブに近づいたと言えるのではないでしょうか。

今や日本サッカー界において、Jクラブが育成部門のファーストチョイスなのは疑いの余地がない。そこを彼らが自覚して、真のプロフェッショナルになること。指導者もトップ選手を育て上げる責任感を強めること。彼らにはもっともっと頑張ってもらいたいと思います。

チームに必要不可欠なゲームモデルの構築

新生日本代表の初陣だったコスタリカ戦を見ましたが、森保監督は4―4―2のフォーメーションをベースに戦っていました。

彼が広島で成功を収めた時のシステムは3―4―2―1。本人も「私が長くやってきた形でもありますので、基本的には持っておきたい、自分の巾でもベースと位置付けています」とコメントしていたそうです。それを最初の試合で使わず、4バックでスタートしたのは、準備時間が少ないこともあって、日本の選手が慣れ親しんだフォーメーションでやった方がより結果につながるという現実的な考え方があったからだと思います。

ただ、8月のアジア大会（インドネシア）に挑んだU―21日本代表の方は3―4―2―1が基本でした。今後、下の年代のメンバーがA代表に上がってきた時、異なるシステムに少し戸惑う可能性があります。

さらに言えば、同じ2020年東京五輪世代に含まれるU−19日本代表を率いている影山雅永監督は4−4−2を採っている。五輪世代という枠組みで考えると、森保さんと影山さんがベースにしている布陣が異なるのはあまりいいことではないと思います。

以前、日本サッカー協会が高円宮杯プレミアリーグ参加チームの指導者を集めて行った会議では、「フォーメーションは大した問題じゃない。全てできないといけない」という話をしていました。「森保監督が考えているコンセプトの最重要ポイントは臨機応変さ。ロングパスが必要な時はロングパスを出し、カウンターを仕掛けるべき時はカウンターを追求する。そのトータルな力を備えたチームを作ろうとしているから、フォーメーションはどんなやり方でもいいし、あまり問題ではない」という説明も受けました。

ただ、チーム作りをする立場から言えば、ベースになる者はやはり必要。それが各年代で違っていたら、やはり上から下まで一貫したスタイルのサッカーがないとやりづらいものがあります。そこはA代表筆頭に、代表強化をするうえで、協会には考えてほしいところだと感じます。

トップから下のカテゴリーまで一貫したスタイルを持っていないのは、日本代表のみならず、Ｊクラブも同様ではないかと思います。

トップに外国人監督が来て、新たな戦術を持ち込んだクラブがあるとして、それと同じことをU－23、ユース、ジュニアユース、ジュニアの全カテゴリーがすぐに実践できるかといえば、もちろん難しいところはあります。ただ、クラブとしての哲学が何なのかはしっかりと打ち出すべき。その重要な仕事を行っていくクラブは少なくないように思えます。

日本で最もタイトルを数多く獲得している鹿島なら、テクニカルディレクターに復帰したジーコが植え付けたスピリットがあり、相手にボールを支配され、劣勢を強いられようとも徹底した守備で跳ね返して、リスタートやカウンターで１点取って勝つといった哲学があります。「１－０で手堅く勝つのが鹿島」といったＤＮＡはＪ発足から25年が経過した今でもしっかりと選手たちに根付いている。それを伝承すべく、大岩剛監督、羽田憲司コーチ以下、現場のスタッフも全て鹿島ＯＢという純血主義も貫いています。ユース年代にしても、熊谷監督のチームは守備重視のカウンターベース。得点は決して多くはないが、失点も少ない。

しぶとく勝ちに来る姿勢はトップと共通しているところが少なからずある。

そういうクラブのコンセプトがしっかりしているクラブだからこそ「常勝軍団」という地位を築き上げることができるのでしょう。彼らのようなケースは日本では本当に稀。Ｊクラブ全体が独自色を打ち出し、それを上から下まで全カテゴリーが理解して、スタッフから指導者、選手までが共通認識を持って戦うことができれば、もっとアカデミー出身者が活躍するようになるかもしれない。

シャビやアンドレス・イニエスタ、リオネル・メッシ、ジェラール・ピケといった選手が続々とトップに上がり、最強時代を形成したバルセロナ、ラームやシュヴァインシュタイガー、トーマス・ミュラーやトニ・クロースらをアカデミー出身者が軸を形成したかつてのバイエルンなどは、まさに理想の姿でしょう。

例えばバルセロナであれば、ヨハン・クライフがもたらしたトータル・フットボールとスペインの伝統的なプレースタイルであるワンタッチプレーが見事に融合されたサッカーを実践してします。Ｊリーグに来たイニエスタのプレースタイルを見れば、バルセロナの哲学がよく理解できるはずです。

そういう確固たるプレーモデルを構築しなければ、日本サッカーは世界に追いつくことはできません。これまでの日本は海外の物まねをしながら、自分たちのレベルアップを測ってきましたけど、そろそろ「ジャパンズ・ウエイ」を見出さなければならない時期に来ている。そのためにも、プレーモデルというのをもっと重視し、協会やJクラブがどういう方向性で進んでいくのかを明確にすべきだと私は考えます。

知っておくべきプロ選手を育てるための3カ条

ご存知の通り、私は市原緑、習志野、流経柏という3つの高校で長きにわたってユース年代を指導してきました。

市原緑時代には佐々木雅尚（保善高校監督）、宮澤ミシェル（解説者）、習志野時代には広山望（ＪＦＡアカデミー福島U―15監督）、玉田圭司（名古屋）、流経では林彰洋（ＦＣ東京）、田口泰士（磐田）といった日の丸経験者も指導する機会に恵まれました。彼らのような才能・実力を持った選手が、私のところに来てくれたことに、心から感謝しています。

プロサッカー選手を育てるために、真っ先に重要なポイントを挙げるとしたら、やはり優れた選手を見極める「スカウティング力」だと思います。

２０１８年夏の甲子園を騒がせた大阪桐蔭の根尾昂選手が中日ドラゴンズに１位指名され、入団が決まりましたが、その大阪桐蔭は「もっとグランドに出て練習をした方がいいよ」と言われるほど、西谷浩一監督が自ら有望選手のところに足繁く通い、精力的に勧誘するという話を耳にしました。北海道日本ハムファイターズの中田翔選手の時は広島に50回以上出向いたというから、本当に驚きました。

根尾選手の時は分かりませんが、両親が医者で、兄弟も医学部に医学部に進んでいるという家庭環境を考えると、野球の方を選択してもらうのは簡単ではなかったと思います。

普通なら学業優先となるところを、何とか説得できたのも、大阪桐蔭の西谷監督の力でしょう。そのくらいの熱意を相手に示して、初めてピカ１の逸材を獲得できる。それはプロ野球だろうが、Ｊリーグだろうが、高校サッカーだろうが同じこと。我々もこうした地道な努力を怠ってはいけない……。日々、そう肝に銘

Jリーグ新人選手内訳とその割合					
年	新人選手数	大学(%)	高校(%)	Jクラブ(%)	その他(%)
2016	120	62(52%)	15(13%)	43(36%)	0(0%)
2015	128	53(41%)	19(15%)	54(42%)	2(2%)
2014	131	71(54%)	18(14%)	38(29%)	4(3%)
2013	129	58(45%)	23(18%)	43(33%)	5(4%)
2012	114	54(47%)	15(13%)	45(39%)	0(0%)
2011	117	61(52%)	20(17%)	36(31%)	0(0%)
2010	106	57(54%)	17(16%)	30(28%)	2(2%)
2009	133	66(50%)	21(16%)	46(35%)	0(0%)
2008	138	57(41%)	34(25%)	45(33%)	2(1%)
2007	143	46(32%)	39(27%)	51(36%)	7(5%)
2006	129	45(35%)	40(31%)	43(33%)	1(1%)
2005	126	37(29%)	39(31%)	45(36%)	5(4%)
2004	117	27(23%)	59(50%)	30(26%)	1(1%)
2003	105	30(29%)	50(48%)	24(23%)	1(1%)
2002	119	39(33%)	47(39%)	31(26%)	2(2%)
2001	130	33(25%)	58(45%)	32(25%)	7(5%)
2000	136	41(30%)	55(40%)	40(29%)	0(0%)

じているところです。

1990年生まれの田口と久場光（元甲府）は、沖縄から初めて流経柏に来た選手ですが、その頃は私も沖縄に何度も足を運び、いい素材がいると聞けば、そのチームの試合や練習を見に行ったものです。沖縄は今でこそFC琉球がJ2昇格を決め、元日本代表FWの高原直泰が沖縄SVを立ち上げるなど、プロチームがいくつかありますが、当時はそういう環境がありませんでした。

過去には喜名哲裕（元名古屋、現FC琉球トップチームコーチ）や我那覇和樹（讃岐）、赤嶺真吾（岡山）のようなタレントも出てきたのに、沖縄にはJリーグクラブもなく、高校レベルでも強豪校が少なかった。そういう部分に着目し、沖縄まで選手を探しにいったのです。

田口と久場は2008年の選手権と高円宮杯全日本ユース2冠獲得に大きく貢献してくれました。その後、田口は名古屋グランパスに進み、ハビエル・アギーレ監督時代には日本代表も経験しました。フィジカル的には小柄ですが、ボールコントロール技術が高く、ボディバランスも卓越したものがあるため、相手に寄せられてもそう簡単にボールを失わない。視野が広く、ワイドな展開力を備えているのも強みだと思います。当時は代表レベルにまでなるとは考えていませんでしたが、流経柏出身者の中では比較的成功している選手だと言えるでしょう。そんな田口と巡り会えたのも、スカウティングを強化したから。そこは本当に大きかったと思います。

ウチにいる若いコーチたちにも全く実績のないチームに行くことを勧めていますが、それがゼロからの素材発掘につながります。これによってスカウティングの大切さを知るはずです。

「いい選手がいると聞いたら、すぐにすっ飛んでいけ。そのくらいフットワークがよくなければダメだ」

日頃からこうハッパをかけています。

流経柏という高校は私が中心となって約20年がかりで作った実績と環境があり、それを見て選手や保護者が入学を希望してくれるわけですが、若いコーチはそこに甘えていてはいけない。自分から新たなネットワークを構築し、誰も知らないような逸材を取ってくるくらいの意気込みと情熱が必要です。中田翔、根尾昂両選手を獲得した大阪桐蔭の話をぜひとも参考にしてほしいと思います。

2つ目のポイントは「よい指導」です。

私が考える「よい指導」とは、「つねに選手を前進させるべく、練習内容に工夫を凝らしていける指導」だと考えます。

自分は70歳になりましたが、いつも前に進むことを忘れず、いまだ若い指導者から様々な情報を得て学び、指導に励んでいます。「私はベテラン指導者なんだ」とあぐらをかいていたら、つまらない内容の練習しかできなくなる。「原点回帰」という言葉を大切にしていますが、全てがゼロからのスタートだと思って指導すべきです。若い指導者であればあるほど、そういう意識を強く持たなければいけないと思います。

そのうえで、パターン化された練習をしないこと。

それは強く強調しておきたい点です。

海外には「インテグラルトレーニング」という言葉がありますが、複合的なトレーニングをつねに取り入れることが、これからの時代は大切です。そのチームが描くプレーモデル、ゲームモデルから逆算して、ウォーミングアップからボール回し、狭いグリッドでのミニゲーム、シュート練習に至る全てのメニューにそのモデルを落とし込むことが肝要なのです。

流経柏の場合なら「ハイプレスからのショートカウンター」というゲームモデルがあるので、理想形に直結するようなアップや練習メニューを考えなければいけません。フィジカルトレーニングのピリオダイゼーション（ピリオドに分けること）に関しても、ある期間は毎日同じ内容と言うのではなく、長期的ビジョンに立っても、時期ごとに必要な内容に変化をつけながら実施しなければならない。スプリント能力を上げるために連日ダッシュを繰り返していても、選手の疲労がたまって効果が半減してしまうこともあり得る。そういう時こそ、指導者の技量が問われてくるのです。

日本のユース年代を見ていると、ゲームモデルから逆算した実践的トレーニングをしているチームが少ないと感じます。高校サッカーの場合は指導者が学校の授業との掛け持ちで疲れていたり、余裕がなかったりするため、パターン化された練習でお茶を濁しているケースも少なくないでしょう。そういったアプローチのままでは、選手もチームも理想の姿に近づくのは難しい。指導者はしっかりした練習計画を立案し、トレーニングメニューを考え、実践していく力が求められるのです。

人にものを教える人間は、沢山の引き出しを持っていなければいけません。教師が授業をするにあたって熱心に教材研究を行い、充実した授業を行おうと考えるのと同じで、サッカーコーチも新たなトレーニング方法や先進国が取り入れているアプローチなどをつねに吸収する努力が必要です。

海外に視察に出かけることも有効でしょうし、それができなければ、国内で行われている指導者研修会に参加してもいい。新たな情報を取り寄せて現場に生かす試みがあってもいい。優秀な指導者であればあるほど、トライ&エラーの数も多いと思います。

そうやって勇気を持って、チームのモデルに近づける努力を続けていくこと。それが「よい指導」につながるはずです。

3つ目のポイントは「よい出口」。選手が高校卒業後、一人前の大人としてしっかり生きて行けるだけの教育を学業・サッカーの両面で施し、最上の進路選択をさせてあげること。そこが重要だと私は考えます。

プロサッカー選手になることを第一目標にしているJリーグクラブの場合、人間教育や社会性を身につけさせることは二の次かもしれません。

しかし、高校サッカーの場合、サッカー選手である前に1人の高校生です。学生である以上、ある程度の勉強はしなければなりませんし、学校行事や委員会活動などにも参加しなければなりません。そういう多彩な活動を通して、高校生は大人になり、社会に出てもやっていける人間に成長していきます。

サッカー部の活動もその一助になるのは間違いない。部の規律を守り、上下関係を考えながら行動し、チーム全体に貢献していくという意識は、サッカーを通して大いに身に着く部分です。寮生活している選手は他者への気配りや思いやりを持って生活しなければならない。そういう経験は必ず人生の糧になると思います。

充実した3年間を過ごした人間は、プロになっても、大学に進んでも、高校を出て就職したとしても、必ずいい方向に進む。私はそう信じています。

過去に指導した教え子を思い返してみても、飯田真輝、長谷川悠、呉屋大翔、青木亮太などプロになった選手の多くが人間的に素晴らしかった。青木も大人しいように見えて、人の言うことをよく聞く人間だった。聞く力が高いというのは、社会人としてやっていくうえで非常に重要な点。それを備えているから、名古屋でも試合に出るチャンスを得ているんだと思います。

もちろんプロになっている、いないにかかわらず、もしくは高校時代にレギュラーになれなかった選手でさえも、素晴らしい人生を送っている教え子は少なくない。

習志野時代の教え子である薮崎真哉は高校卒業後、柏レイソルに入団するものの芽が出ず引退したが、ＩＴ関係の会社を設立し、今ではＪリーグや大学サッカーにスポンサードする企業を支えています。まだ同じく習志野出身の渡辺俊和も日本やタイ、シンガポール、香港に事務所を持つ人材派遣会社の社長として大活躍しています。

プロサッカー選手を育てたいと思う指導者は、この「３カ条」を忘れてはいけません。特に若いコーチは、自分を成長させるべく最大限の努力を払って、我々ベテラン指導者を追い越すような勢いと情熱を見せてほしいと強く願います。

私のような指導者を生み出してはいけない

これからの指導者にはゼロから全てを作っていく情熱と意欲が必要だということは、これまでにも何度か言いました。

「やってやるんだ」という気持ちがない指導者は長続きしないし、選手たちもついてこないと思うからです。

しかしながら、全てをサッカーに捧げるような、我々世代のような生き方はしてほしくない……。そういう思いも一方にはあります。

日本中の企業や自治体が「働き方改革」を声高に訴え、文部科学省も教員の負担を減らすために外部指導者の力を借りる必要性を説いている今、家庭を顧みずにサッカー漬けになるような指導者の姿というのは、現代の理想像からはかけ離れていると言わざるを得ません。

自分の話をすると、市原緑、習志野、流経柏で働いている間、子供たちの世話や育児はほぼ妻任せでした。自宅から通っていた市原緑、習志野の時はまだしも、流経柏に来てからは寮の管理もしなければなりませんでしたから、本当に家庭を顧みない夫で父親だったと反省しています。

とはいえ、2000年に流経柏に来た時は、習志野に通うつもりだったのをやめて私の転職についてきた生徒もいましたから、彼らのことも放っておくわけにはいかなかったのです。私は県教員時代の退職金をつぎ込んで、1500万円の5LDKの格安マンションを購入し、そこに生徒とともに暮らすところからスタートしました。

食事も全て私の担当。早朝に起きて朝食と弁当を作り、学校へ行き、朝練習や授業をこなし、午後の練習もやりました。それが終わると選手を連れてスーパーに買い出しに行き、また料理を作るという流れですから、家族に気を配っている余裕は皆無に等しかった。子供たちもまだ学校に通っていた頃でしたから、どれだけ妻に負担をかけたか分からないくらいです。

2001年秋に選手寮「小山ドミトリー」ができてからも、寮の管理は必須。数年が経過してスタッフが増えてからは、月に1回ペースで自宅に帰るようになりましたが、それまではずっと泊まり込み。24時間体制で彼らのサポートに当たたってきました。現在は、学校の配慮により週1回帰ることができるようになりました。毎日22時の点呼の時間は、我々スタッフと寮生が一堂に会することができる唯一の場。私は彼らにとって、3年間は父親代わりでもあるわけですから、この先、しっかりと生きていくために必要なことを親の立場から教えなければいけなかった。常識や礼儀、挨拶はもちろんのこと、京都・清水寺の館長さんにいただいた短冊に書かれていた「守破離」の意味を説明したり、教え子である福田健二（横浜FC強化ダイレクター）のガムシャラな生きざまを紹介したりと、さまざまなアプローチを試みました。

今となれば、そういう時間を私の子供たちにも費やしてあげられればよかったと思うのですが、私たちがサッカー指導に邁進した時代には、そういう常識は希薄でした。

同世代の高校サッカーの監督を見れば、母子家庭のような状態が当たり前だった。「ウチの女房は『亭主元気で留守がいい』と思ってるから」とみんな冗談交じりで話していたけど、それぞれ悩みや問題はあったと思います。そういうことを表で口に出せない社会環境だったと思います。

しかしながら、これからのサッカー指導者は旧態依然としたままではいけない。日常的に子育てに協力するのは当たり前ですし、時には休みを取って家族をどこかに連れて行くような日も作らなければいけません。

サッカー指導を充実させるためにも、美術館に行ったり、コンサートに出かけたり、外国語を勉強するなど、違った物事にも触れる必要があると思います。引き出しを増やして、人間的な器の大きな指導者が増えてくれば、高校サッカー界全体がよくなっていくでしょう。

私のような、サッカー漬けの指導者を少なくしていくこと。

それは、近未来の日本サッカー界の大きなテーマだと改めて強調しておきます。

第三章

トップ改革

～真のジャパンズ・ウェイにつなげる～

「ジャパンズ・ウェイ」はどこを目指す？

すでに何度か話している通り、Jリーグ発足から25年が経過し、日本は6大会連続でワールドカップ出場を果たすレベルまで飛躍しました。

これだけ劇的な進化を遂げることができたのも、日本のサッカー関係者が世界トップのプロ組織のあり方を学び、最先端の指導法を導入し、環境を整えるなどの努力を怠らずにここまでやってきたからだと思います。

Jリーグにブラジル人選手が数多く来ていることから、日本はブラジルの影響を色濃く受けたという見方をされがちですが、私はドイツから学んだことの方が圧倒的に多いように感じます。

「日本サッカーの父」と呼ばれたドイツ人、デットマール・クラマーさんが来日した約60年前から、ドイツ流の規律ある戦い方や組織力を重んじたプレー、トップから少年に至るまでのピラミッド型のクラブ組織などはドイツからもたらされたものです。

Ｊリーグが各クラブにアカデミーの保有を義務付け、一貫指導スタイルを確立させたのも、欧州屈指のサッカー大国の成功例を持ち込もうとしたから。こうしたシステムの中から、森保ジャパンの新キャプテンに就任した吉田麻也や新エースナンバー10の中島翔哉らが出てきている。こうした成果は前向きに評価すべきだと感じます。

平成の世も終わり、新たな時代に突入しようという今、日本サッカー界も次なる25年を考えていかなければならない。日本代表が三度チャレンジして破れなかったベスト8の壁を越えるためにも、トップレベルを含めた改革が必要だと認識しています。

何事も前進しようと思うのなら、各カテゴリーから全体を俯瞰しつつ、いい部分は堅持し、変えるべきところは変えるという明確な判断を下すことが肝要です。先進国からいい部分を真似ていた時代から、オリジナリティを築こうとチャレンジしていくしか、前には進めない。

茶道の世界に「守破離」という言葉がありますが、日本サッカー界は守・破を経て、離の段階に突入すべき時期に来ているのです。

「学ぶことをやめた指導者は、指導をやめなければならない」

かつて日本代表を率いたイビチャ・オシム監督はこんな明言を口にしました。指導の道を歩む者は、学ぶ姿勢を持ち続けなければならない。もちろん選手もそうです。そういう現場を支える関係者ももっともっとサッカーの本質を捉え、いい方向に進むためのアイディアを思いめぐらせなければいけない。

そうやってトライしようという強い意志を持てなくなった時点で、その人間は引退すべきである。私もそう肝に銘じながら、70歳を超えた今もピッチに立ち続けているのです。

正直言って、日本サッカーは決して安泰だとは言えません。昨今のアジア諸国の成長は本当に凄まじいものがある。永遠のライバル・韓国はもちろんのこと、中国もサッカー好きの習近平国家主席の号令の下、金に糸目をつけずに強化に邁進していますし、タイやベトナムといった東南アジア諸国もかつての勢いを取り戻しつつあります。

古い話になりますが、私が生まれる少し前の第二次世界大戦の頃は、南方に出征した兵隊さんがタイやベトナムでサッカーを教えてもらっていた。

もともと欧州の影響を色濃く受けている地域だけにサッカー熱も高く、人々は夢を託しています。その勢いを見るにつけ、25年前の日本を彷彿させるものがあります。

そればかりではない。本田圭佑の移籍で注目を集めているオーストラリアもＪリーグのモデルを真似てＡリーグを発展させていますし、イランやサウジアラビアといったワールドカップ常連国も侮れない。オイルマネーでシャビらビッグネームを集めているカタールも２０２２年ワールドカップを控えて強化が進んでいると思いますし、日本がアジアで楽々と勝てるような状況ではないことを肝に銘じる必要があります。

ゆえに、今こそ「ジャパンズ・ウェイとは何か」を真剣に考えるべきタイミングなのだと私は重ねて言いたいのです。

「日本人のよさ」というのは、日本サッカー協会の田嶋幸三会長がロシアワールドカップ直後に、こう発信しています。

「日本人の素晴らしさは技術力、俊敏性、持久力、組織力、そして勤勉性、粘り強さ、フェアであることだ」と。

それに賛同する関係者は多いでしょう。私自身もその1人です。とりわけ、ジュニアレベルの技術の高さは特筆すべきものだと感じます。小学生年代の大会、ダノンネーションズカップ世界大会（ＦＩＦＡ公認のU－12サッカー大会）に日本のチームが出場すると、必ずと言っていいほど上位に入るのが、スキルの高さの証明。俊敏性や献身性、ハードワークを厭わないメンタリティもこうした結果に寄与しているのでしょう。

しかしながら、日本人には物足りなさもある。

田嶋会長はこう続けています。

「ゴールに向かう力と気持ち、駆け引き、ゲームを読む力が足りないと言われてきましたが、多くの選手が欧州の強豪クラブに行くこと、Jリーグのクラブが世界と戦うことによって身につけられつつあります。

選手個々としての判断、パワーも足りないというのも分析してきた部分。それも今回のロシア大会で若干上がったとは感じます」と。

長い間、課題と言われてきた部分が改善されつつあるのはいいことですが、私から見れば、田嶋さんが挙げた全ての要素が世界トップに比べてまだまだ足りないのです。

そこを貪欲に突き詰めていかなければ、強豪国に勝つことはできません。現場の指導者として、その点は厳しく認識しておきたいと思います。

加えて言うと、日本人はコミュニケーション下手と言われます。

海外に出れば分かりますが、物怖じせずに自分の意見や主義主張を堂々と口にする欧米人と比較すると、そこは顕著でしょう。

「日本人は何も言わずに、ただ笑顔を浮かべているだけで不気味」とさえ言われることもあります。

サッカーの面でも、リスク管理や戦術理解の部分では見劣りする傾向にある。そういう指摘をする世界の指導者も少なくありません。「人に言われたことはきちんとできても、臨機応変に判断して対処することを苦手」というのが、日本人選手全体の印象ではないでしょうか。

こうした長所・短所を踏まえながら、私なりに「ジャパンズ・ウェイ」を分析してみたいと思います。

トップ選手を輩出するうえで重要な教育環境を一例に挙げると、日本の学校でグランドを持たないところは皆無に等しい。欧州ではグランドを持たないのが一般的ですから、そこは優位性があるでしょう。そのグランドで体育の授業などを行うのも日本流。

欧州の場合、体育や音楽・美術、家庭科はカリキュラムになく、学外で個人個人が選択すべきものと位置付けられています。そういう課外活動を幅広く行うため、向こうでは授業を午前中だけにして、午後を大きく空けています。

しかし、日本は6~7時間目まで授業があるので、全てが終わると15~16時。その後に部活動を行うというスタイルで、生徒たちは拘束される時間が多い。もちろん学力は上がるでしょうが、「自分で考えて行動する」という意識が育ちにくい環境にあるのではないかと感じます。

自主性の欠如というのは、日本社会全体の問題です。

高校年代のサッカーの試合を見ていると、ほぼ全てのチームの指導者が「声を出せ」「自分たちで考えてやれ」と言っている。それくらい話し合って物事を解決する力がないということなのです。

それは核家族化、地域の人口減少、子供に対する大人の接触の軽さといったさまざまな要素に起因していますが、文科省も取り込んで教育の第一歩にいる小学校低学年を取り巻く環境から考え直さないといけないのは確かです。

「日本は30人の生徒に対して、教師がたった1人。これではコミュニケーションが取れなくなるのも当然ですよね」

これはドイツでジュニアユース年代を指導する日本人コーチに言われたこと。私はその意見に強く共感しました。

彼らより1～2歳下の小学校入学前の幼児は、親に対して矢継ぎ早に質問をしてきます。

「ママ、これ何？」

「どうしてこうなるの？」

興味関心を抱いたことは何でも知ろうとします。

幼児がそうやって盛んに喋ってくるのも、親と自分の1対1の関係だから。自分と関わる人間が少なければ少ないほど、コミュニケーションは密になるのです。

それが小学校に上がった途端、１人の先生に対して30人の生徒という構図になる。何か言いたくても周りの目が気になったり、恥ずかしかったりして言い出せない。教師の方も子供たちが騒ぐのを封じるために「静かにしろ」「うるさい」「黙ってろ」という言葉で一方的に抑え込もうとしがちです。

教師とまともにコミュニケーションが取れない小学生は、家に帰って親と話そうとするのでしょうが、幼稚園児の時のような扱いはしてくれない。「もう学校に行ってるんだから、自分で考えなさい」と一蹴するケースが後を絶たないでしょう。

子供の話を聞いてあげることが子育ての第一歩なのに、一番肝心なことを怠っている。そういう保護者は少なくありません。

学校や家庭でのこういった出来事が積み重なり、子供は「この人たちに言ってもダメだ」「何も理解してもらえないから、言うだけムダだ」ということになる。意思疎通を試みることもしなくなり、結果的にコミュニケーションの取れない人間になってしまう。聞く力と伝える力をともに伸ばしていかないとコミュニケーション能力は向上しない。

私はそういう危機感を強めています。

日本人に欠けていることを1つ1つ抽出し、検証し、どうすれば身につけられるかを真剣に考えていくことができれば、さらなるレベルアップにつながる。むしろ、そうしなければ、世界トップには絶対にのし上がれない。

「ジャパンズ・ウェイの確立」に向けて、とにかく貪欲に泥臭くなることを、私は日本サッカーの関係者全体に求めたいです。

大学からプロになるシステムは本当に必要か？

クラブシステムが定着している欧州とは異なり、日本の場合はプロになるルートがいくつかあります。

1つは、Jクラブのアカデミーで育った選手がそのままトップに昇格するケース。森保ジャパンの「新ビッグ3」と言われる中島翔哉、南野拓実、堂安律は揃ってその例に該当します。

ご存知の通り、中島翔哉は小学生の時に東京ヴェルディジュニアに入り、ジュニアユース、ユースを経て、プロになっています。南野と堂安はそれぞれセレッソ大阪とガンバ大阪のジュニアユースから上がってきた選手。Jリーグ発足から25年経ってようやく「エリート」と位置付けられた素材が日本代表の中核を担う時代になったという印象を受けています。

けれども、Jクラブで小中学生時代を過ごして高校を経てプロになる選手、あるいは高校から大学まで行ってプロになるチャンスを得る人間もまだまだ多い。いわゆる「雑草型の選手」です。

回り道した選手でも再浮上できる道があるのは日本サッカー界のいいところ。だからこそ、Jクラブ以外の指導者もモチベーションが湧く。「自分のところからもいつかプロ選手を出せるかもしれない」と多くのチーム関係者が夢見ることはいいことだと思います。

多彩なプロ入りのルートがある中で、近年、特に目立つのが、大学経由のJリーガーの存在です。

私が習志野にいた90年代は「高校かJユースからプロになるのが王道」という考え方が根強かった。「高卒段階でJに引っかからず、大学進学を選んだ人間は、

大学からプロになった主な選手

選手名（所属）	大学名
長友佑都（ガラタサライ＝トルコ）	明治大学
武藤嘉紀（ニューカッスル）	慶應義塾大学
中村憲剛（川崎フロンターレ）	中央大学
小林悠（川崎フロンターレ）	拓殖大学
車屋紳太郎（川崎フロンターレ）	筑波大学
東口順昭（ガンバ大阪）	新潟経営大学
永井謙佑（FC東京）	福岡大学
室屋成（FC東京）	明治大学
伊東純也（柏レイソル）	神奈川大学
佐々木翔（サンフレッチェ広島）	神奈川大学
山村和也（セレッソ大阪）	流通経済大学
宇賀神友弥（浦和レッズ）	流通経済大学
長澤和輝（浦和レッズ）	専修大学

素材的に1・5流か2流」という見方をされる傾向が強かったと思います。

けれども、国見を率いていた小嶺先生などは「トップクラスの素材でも、将来を考えて大学へ行かせるべき」という考え方をされていた。Jクラブからオファーが殺到した徳永悠平（長崎）を早稲田大学、平山相太（元仙台）を筑波大学に送ったのも、教師としての信念からでしょう。

それが2000年代初頭。

「プロで即戦力として活躍できない若手は、いったん大学へ行って、力をつけてから勝負した方がいい」という考え方が広がり始めたのも、この時期からだったように感じます。

実際、Jクラブ側も若手を強化する環境が十分に整っていなかった。J発足当初は行われていたサテライトリーグも、各クラブの経済的負担の重さから休止となり、高卒で試合に出られない選手が実戦から遠ざかるという「18歳問題」が起きていたのです。

「18歳でプロになって伸び悩むよりも、大学で4年間コンスタントに試合に出ていた方が、選手として確実にレベルアップする」という意見が出るのも当然でした。それで大学側も強化に力を入れるようになり、選手側も「リスクの高いプロを選ぶよりも大学の方が安全」と考えるようになった。大卒選手増加の背景にはこのような流れがあるのです。

２００６年ドイツワールドカップの日本代表に滑り込んだ巻誠一郎（熊本、駒澤大学卒）や坪井慶介（山口、福岡大学卒）らは大卒選手が再評価されるきっかけになった選手でした。

２０１０年南アフリカワールドカップに名を連ねた中村憲剛（川崎）もそうです。中央大学から川崎に入った当時の彼はＪ２の選手だった。それが38歳になった今もＪリーグの看板選手として輝き続けているのですから、選手の伸びる時期というのは分からない。そう痛感させられます。

中村憲剛とともに２０１０年南アフリカへ行き、２０１４年ブラジル、２０１８年ロシアと3大会連続で世界舞台に立った長友佑都が大卒最大の成功例と言えるでしょう。

彼は明治大学3年の時にＦＣ東京の特別指定選手となり、4年に上がるタイミングで大学に籍を残したままプロ契約を結んだ。それと同じルートを武藤嘉紀

（ニューカッスル、慶應義塾大学卒）、室屋成（FC東京、明治大学卒）が辿っています。そんなケースも20年前には考えられませんでした。

大学に行きながらプロを目指す選手が増えたこと自体はいいでしょう。しかしながら、「大学＝プロ養成機関」という考え方があまりにも浸透しすぎている嫌いがある。学業を本分とすべき大学が本来の意義を忘れ、サッカーだけに邁進し、プロ選手を輩出するだけに注力している……。そんなチームが目に付くのは、教員経験者として残念な限りです。

そもそも大学というところは、学問を収める場所。

「体育教師になるために、体育学科に進んで、教職課程を取る」

「経済学部に進んで、公認会計士になるための基本的な勉強をする」

こういった目的意識を持って、通うところであるはず。

大学サッカー強豪校になればなるほど、勉強が二の次になるほど、体育会の活動ばかりに時間を割いている。学生側も「単位はレポートを出しておけば取れるから問題ない」と考え、プロになることだけを考えている。そういう環境であっていいのかと疑問を覚えてくるのです。

私は流経柏のサッカー部員と進路について話し合う際、いつもこう言っています。

「18歳までにプロになれなかったら、サッカーは諦めて、大学で勉強をしてほしい。そういう道もあるんだ」と。

その選手が本気でプロサッカー選手になりたいと思うのなら、大学でモラトリアム期間を過ごすのではなく、海外のセミプロリーグにチャレンジして働きながらプレーするとか、あちこちでセレクションを受けまくるとか、サッカー自体を突き詰めた方がいい。

サッカー選手にとって18～22歳というのはキャリアを大きく左右する時期なのだから、もっと真剣に考えるべきなのです。

「みんなが大学に行くから、自分も行けば何とかなるかもしれない」という右に倣え的な進学では、プロという目標には到達できないと感じます。

大学側も「ウチはプロ選手を何十人も出しています」と看板を掲げた方が、入学希望者が増えていいのでしょうが、サッカーだけをさせていればいいのではない。やはり本分である学業も怠ってはいけないと思います。

サッカー選手の多くは体育系の学部に所属しているのですから、運動生理学や解剖学といったスポーツに関係する学問をしっかりやることは大事。彼らは指導者やサッカーを支える人材になる可能性もあるわけですから、そこは責任持って学ばせるべきです。それ以外の社会活動など、1人の人間として生き抜いていけるだけのノウハウも身につけさせる必要があります。

大学側も意識を変え、サッカーと学業をきちんと両立できる環境を構築できれば、「大学経由プロ入り」というシステムもより高く評価されるはずです。

もはや大卒Jリーガーは「ジャパンズ・ウェイ」を確立・成功させるための重要ポイントと言えるほどの存在になっている。そのあり方と今後の方向性を今一度、多くのサッカー関係者が考えてみることが大切ではないかと思います。

魅力ある国内プロリーグにするためには？

「ジャパンズ・ウェイ」という言葉を何度も出しましたが、それを突き詰めていくために不可欠なのが、魅力ある国内リーグの存在です。

現時点での「欧州三大リーグ」と位置付けられるイングランドのプレミアリーグ、スペインのラ・リーガ、ドイツのブンデスリーガは、いずれも世界トップ選手が集結し、最先端の戦術眼を持つ指揮官がチームをけん引し、ハイレベルな攻防が繰り広げられています。リーグレベルの高さに引っ張られるように、それぞれの代表チームの実力も上がっている。

スペインとドイツは２０１０年南アフリカ、２０１４年ブラジルの両ワールドカップで頂点に立ちましたし、イングランドも２０１８年ロシアワールドカップでは１９９０年イタリアワールドカップ以来のベスト４に入った。U－17、U－20代表も年代別世界大会で優勝していて、次の２０２２年カタール大会ではタイトルの可能性もあると言われています。

日本もＪリーグ発足の１９９３年ではアジア予選さえ突破できていなかったのに、25年が経過した今では三度もベスト16入りしている。国内リーグが誕生し、当初10しかなかったクラブが54までに拡大したことも、右肩上がりの代表戦績の土台になっていると思います。

ただ、Ｊリーグのレベルが欧州トップリーグに肩を並べるところまで至ったかと言えばそうではない。確かにアジアでは有数のリーグになったのかもしれませんが、より一層の活性化を図り、質を上げていく必要がある。私はそう強く感じます。

どうすればJリーグをもっと充実したものにできるのか。私なりの提言を以下の通り、まとめてみました。

●提言1　欧州主要リーグにステップアップする選手を増やし、逆に外国人枠を撤廃する

1990年代にカズ（三浦知良＝横浜FC）と中田英寿がイタリアに渡って以来、海外に出ていく日本人選手が年々増えています。ロシアワールドカップの日本代表23人のうち、16人が海外クラブ所属選手だったことを見ても、その傾向に拍車がかかっていることがよく分かります。

私自身も年に1回は必ず渡欧して、トップクラブの環境を視察していますが、まだまだ日本と欧州には差がある。フィジカル面はもちろんのこと、戦術理解力

欧州で活躍する日本人サッカー選手

イングランド

岡崎慎司（レスター）
吉田麻也（サウサンプトン）
武藤嘉紀（ニューカッスル）

スペイン

乾貴士（ベティス）
柴崎岳（ヘタフェ）

ドイツ

香川真司（ドルトムント）
長谷部誠（フランクフルト）
久保裕也（ニュルンベルク）
原口元気（ハノーファー96）
大迫勇也（ブレーメン）
原口元気（ハノーファー96）
浅野拓磨（ハノーファー96）
宇佐美貴史（デュッセルドルフ）

フランス

川島永嗣（ストラスブール）
酒井宏樹（マルセイユ）

オランダ

小林祐希（ヘーレンフェーン）
堂安律（フローニンゲン）

ベルギー

植田直通（セルクル・ブルージュ）
鎌田大地（シント・トロイデン）
関根貴大（シント・トロイデン）
豊川雄太（オイペン）
遠藤航（シント・トロイデン）
小池裕太（シント・トロイデン）
冨安健洋（シント・トロイデン）
森岡亮太（アンデルレヒト）

トルコ

長友佑都（ガラタサライ）

ポルトガル

中島翔哉（ポルティモネンセ）

オーストリア

南野拓実（RB・ザルツブルク）
財前淳（FCヴァッカー・インスブルック）

や自己判断力、闘争心溢れるメンタリティなど外国人選手から学ぶことも多い。本田圭佑が「サッカーは海外に出て初めて理解できるもの」と語っているそうですが、その意見に深く共感します。

現時点ではトップ選手の30人程度が海外リーグでプレーしてますが、その数が50人、100人と増えていけば、日本と世界のレベル差は縮まっていく。そういう確信を持っています。

そこで問題になるのが、Jリーグの空洞化です。

「今のJリーグは、かつて代表で活躍した30代のベテラン選手と20代の中堅選手、これから海外に出ていく才能のある若手に支えられている」

そんな見方をされることも少なくないと思います。視聴環境が地上波から有線放送、インターネット放送へと変化していく中、Jリーグを恒常的に見ない層も増えてきて、「誰がいるのか分からない」といった声も聞こえてきます。そういう状況が続くと、Jリーグへの関心が低下し、サッカーをやろうという子供も減る。それがひいては日本のサッカーレベルの低下につながりかねない。大いに危惧されるところです。

こうした問題を解決してくれるのが、外国人選手だと考えます。２０１８年夏にスペイン代表のアンドレス・イニエスタがヴィッセル神戸に加入して以来、神戸の試合はつねにスタジアムが満員という状況になりました。

今は海外サッカーを簡単に見られる時代ですから、サッカーファンも子供たちも世界トップ選手のことをよく知っている。傑出したスターがJに来てくれれば「見に行きたい」と思うはず。イニエスタと一緒にプレーする神戸の若手選手も本物のクオリティとは何かを肌で感じ、成長速度を高められる。刺激を与えてくれる彼らの存在は大いにプラスになると思います。

Jリーグ自体もそういう意識があるようで、２０１９年から現行の11人中３人から5人へと拡大する方向で話し合いを進めていると聞きました。外国人枠の完全撤廃も議論され、時期尚早と判断されたようですが、私自身は外国人枠撤廃に大賛成。国籍に関係なく質の高い選手がどんどん入ってきた方が、魅力あるJリーグになると確信しています。

「そうなるとGKはどうなるのか」

こういう意見を口にする人もいるかもしれません。

Jリーグ2018シーズン 外国籍のゴールキーパー		
国籍	選手名	チーム名(所属)
韓国	ク・ソンユン	北海道コンサドーレ札幌
韓国	イ・ユノ	ベガルタ仙台
韓国	クォン・スンテ	鹿島アントラーズ
韓国	チョン・ソンリョン	川崎フロンターレ
韓国	キム・ジンヒョン	セレッソ大阪
韓国	キム・スンギュ	ヴィッセル神戸
韓国	ゴ・ドンミン	松本山雅ＦＣ
韓国	キム・チョルホ	京都サンガ F.C.
韓国	イ・キョンテ	ファジアーノ岡山
韓国	ソン・ヨンミン	カマタマーレ讃岐
韓国	パク・ソンス	愛媛ＦＣ
韓国	ムン・キョンゴン	大分トリニータ
韓国	アン・ジュンス	鹿児島ユナイテッドＦＣ
韓国	朴一圭	FC 琉球
中国	趙天賜	Y.S.C.C. 横浜
北朝鮮	李在根	藤枝 MYFC
アルゼンチン	ロドリゲス	ジェフユナイテッド千葉
オーストラリア	ランゲラック	名古屋グランパス
コスタリカ	カルバハル	水戸ホーリーホック
スイス	ジョニー・レオーニ	栃木ＳＣ
スペイン	ビクトル	FC 岐阜
ブラジル	アレックス・ムラーリャ	アルビレックス新潟
ポーランド	カミンスキー	ジュビロ磐田

実際、最近のＪ１を見ると、ほとんどの外国人ＧＫがピッチに立っています。外国人枠を完全撤廃してしまったら、その傾向が助長され、日本人ＧＫが育たなくなるという懸念があるのも分かります。

けれども、日本人ＧＫも優れたＧＫと一緒にプレーしたり、彼らの高度なパフォーマンスを目の当たりにすることで、自分たちがどうすればいいかを考えられる。前向きな刺激を受けて、レベルアップのきっかけを得られるとも言える。それは外国人枠を完全撤廃しているドイツやベルギーなどでも言えること。先進国が踏み切った取り組みにはプラス効果があるんです。

「若手の成長を妨げないような配慮が必要」という意見も分かりますから、「先発11人のうち23歳以下を必ず３人は起用する」といった人数制限を設けることも一案でしょう。そういう国もあると聞きます。

いくつかのルールを設けるのは歓迎ですが、いずれにしても外国人枠は撤廃する方向に進むべき。Ｊリーグの次の25年を実りあるものにするためにも、そこは着手すべきテーマだと強調しておきます。

●提言2
選手年俸の引き上げ

Jリーグ発足当初はプロ野球選手と同レベルに引き上げられた選手年俸ですが、今は平均10倍とも20倍とも言われるほどの格差がついてしまいました。あくまでメディアを通しての話ですが、1億円プレーヤーは、遠藤保仁（G大阪）ら数人だけ。短いサッカー人生の中で一生分の生活費を稼ぐというのは至難の業と言うしかないのが現実です。

Jリーガーの年俸は、契約によって定められています。

○A契約…年俸の上限がなく、高額契約が可能。レギュラークラスのほとんどがこの契約。1チーム原則25人まで

○B契約…年俸上限480万円、人数制限はない

○C契約…新人選手が結ぶ契約。年俸上限480万円。入団から3年目までしかこの契約は結ぶことができない。

＊C契約からA・B契約へ繰り上がるための条件は以下の通り。

Ｊ１＝４５０分（5試合フル出場相当）、Ｊ２＝９００分（10試合フル出場相当）、Ｊ３・ＪＦＬ＝１３５０分（15試合フル出場相当）

この契約区分はクラブ経営を健全化させるために設けられたと聞いています。が、大卒選手が４５０万円というのは、一般企業に就職するよりも安い。企業で働く人間は昇級があり、福利厚生もありますが、個人事業主のＪリーガーにはありません。そういうことを考えても、決して魅力ある環境とは言えない。年俸を引き上げる方策を探るべく、Ｊリーグや各クラブはもっと努力を払うべきです。

一例を挙げると、Ｊリーグが２０１７年から契約しているＤＡＺＮとの大型放映権契約の原資を選手年俸に回すことが考えられます。クラブの賞金を大きく増やしたことで、年棒増も可能になったとは思いますが、優勝クラブがその賞金を年俸に使うとは限らない。「選手の待遇改善に使う」と明記することで状況は多少なりとも変わるでしょう。

海外クラブがよくやっているような外資系スポンサーを探すことも一案です。Ｊクラブの資金力をアップさせれば、「Ｊリーグでやりたい」と熱望する外国人選手も増えますし、日本代表クラスのトップ選手も早いうちに海外から戻ってくるかもしれない。

年俸をいかにして引き上げるのか。そこは早急に取り組む課題だと思います。

●提言3 地域密着の推進

Jクラブが54に増えて、全国47都道府県のほとんどにプロサッカーチームがあるという状況になりました。それはサッカー関係者の1人として喜ばしいこと。各地域のサッカーが活性化される方向にあるのは確かだと思います。

ただ、「地域密着」をポリシーとしているJリーグにとって、理想的な環境になっている地域とそうでない地域にばらつきがある。それも事実だと思います。

例えば、私が長年暮らしている千葉ですが、J1の柏レイソルとJ2のジェフユナイテッド千葉の2つのチームがあります。が、地域密着度が高いとは言い切れないのではないかと感じています。

柏市内を見渡しても、飲食店などにレイソルのポスターは貼ってはありますが、クラブがどんなイベントをしているか、地域とどういう交流をしているかは聞こえてこない。ジェフも発足当初からホームタウンだった市原に関してはもっとそうだと思います。

たくさんの予算をかけながら市原臨海競技場を何度も改修して、チームを盛り上げていたのに、千葉市蘇我にフクダ電子アリーナができてから、完全にホームタウンが千葉に移ってしまった。クラブ名は「市原・千葉」と書かれていますけど、千葉に逃げられるという意識が強く残り、市原の人たちは「地元のクラブ」という認識が薄れてしまったような気がします。これは市の行政関係者、市のサッカー関係者の落ち度にほかならない。

やはり地域密着を推進していくには、工夫が必要です。

2018年にJ1初昇格したV・ファーレン長崎の社長に就任した「ジャパネットたかた」の高田明前社長が、新スタジアムに行く途中に商店街を通るような導線にして、地域活性化を図ったという話を耳にしましたが、そうすれば地元は間違いなく潤う。高田社長は観客の動向を逐一、チェックして、毎回工夫を凝らしていると言いますから、その努力も素晴らしい。Ｊクラブには何人かの名物経営者がいますが、そうやって強引に物事を推進していける人材を配置することも成功の秘訣。そこは大いに学ぶべき点でしょう。

サッカーとは関係ないですが、おむすび屋「銀座十石」の社長である葉葺正幸さんなどは行動力と創造性のある経営者です。愛宕商事という会社に入社した際、「新入社員の葉葺と言います。僕を社長にしてください」といきなり大胆発言。入社４年目だった27歳の時に「おむすび屋をやれ」と命じられ、和僑商店を起業。銀座を起点に大人気のおむすび屋を作りました。さらには、故郷・新潟の魅力を発信すべく、危機に瀕していた味噌蔵や酒蔵を次々と立て直し、地域から消えそうになっていた伝統食を生まれ変わらせたと言います。「錦鯉」という斬新なパッケージの日本酒は「これはぜひ買いたい」と誰もが思うような人気ブランドになったそうです。そういう人こそ、まさに地域活性化請負人と言える。Ｊリーグにもそういうリーダーがもっともっと必要です。

サッカーを媒介にすれば、地域密着はより推進できる。

そういう自覚を持って、未来のＪリーグを作ってほしいと願います。

●提言4
メディアの取り上げ方の改善

Ｊリーグの注目度を高めていくためには、メディアの報道というのは必要不可欠な要素です。今はＳＮＳが普及し、Ｊリーグ自身や各クラブがダイレクトな発信ができるようにはなりましたが、テレビ放映を含めてまだまだメディアの助けは必要。そのメディアがサッカーを正しく理解し、見る人のレベルを上げていくような努力をしてほしいと常日頃から感じます。

これは高校サッカー選手権の話ですが、２０１８年正月に流経柏と前橋育英が決勝でぶつかった時、私の年齢や病気のことがやたらにクローズアップされました。

「1年半前に大腸がんの手術をして、奇跡的復活を遂げた名将」
「71歳になってもピッチに立ち続けている情熱的な指導者」

こういった表現で私のことを取り上げるメディアが多かったのですが、私の指導法やハイプレスとショートカウンターといった戦術を詳しく説明しようという関係者は非常に少なかった。

テレビ局もスポーツ新聞も個人的な部分にばかり焦点を当て、お涙頂戴の報道をしていたと感じられ、少し不満を感じました。

Jリーグのレベルアップ、日本代表の強化のためにも、日本人全体がサッカーへの理解を深め、サッカーの本質を知ることは非常に重要なテーマです。そこに踏み込んでいくメディアが増えてこそ、前向きな方向に進んでいく。私は改めてそう強調したいのです。

「ピッチに立っている選手や監督のプライベートや素顔を知れば、サッカーの関心が高まる」という言い分も分からなくはないですが、そこはあくまで最初の入口でしかない。Jリーグ発足から25年が経過しているこの国は次の段階に入っていいはずです。

欧州では、選手がプライベートの時間を過ごしている時には、ファンが声をかけなかったり、サインや写真を求めなかったりするという文化が定着しています。「オンとオフの切り替え」という意識が明確にあるからだと思います。日本人もそうならなければいけない。

彼らのピッチ上での仕事を正当に評価できる人が増えていけば、世界トップに近づくスピードも加速する。そうなるように、私も努力していきますし、多くの関係者にも自覚を持ってほしいと思います。

あとがき

水を飲む時、井戸を掘った人のあることを忘れるな

教職について、ちょうど50年。青息吐息ながら、全国優勝6回。あまり後ろを振り返ることが好きではない自分が、ふと、周囲を見渡すと同年代がほとんど現場に見当たらなくなりました。

いまだ現場に立って頑張っている同期で言えば、同じ道を突っ走ってきたシゲこと、盛岡商業の斎藤重信氏一人になった。私より早く大病を患いながらも東北サッカーを牽引している。

また全国優勝13回を誇り、全国の指導者の憧れの的である小嶺忠敏先生も健在です。長崎県はもとより九州のサッカーを牽引されており、国見から現在の長崎総科大附属高に移っても、その闘志は衰えない。全国優勝9回を誇る元帝京高校監督の古沼貞雄先生も矢板中央・帝京長岡・大洲高校のアドバイザーとして走り回っておられるし、ユース年代プロ指導者第1号で全国の

指導者に技術指導の影響を与えた元静岡学園の監督・井田勝通さんは未だに各地を行脚しながら、静岡学園の永久顧問として君臨されておられる。

壮絶な最期を遂げられた室蘭大谷の高橋正弘先生や、昨年お亡くなりなられた九州・鹿児島実業の松澤隆司先生なども含め、私はたくさんの情熱家に出会い、指導の真髄を教わりました。彼らは、本当に大変お世話になった方々です。

私が所々振り返って記した事柄も先輩諸氏も経験され、懐かしく感じられておられるでしょう。

どの世界も共通することでしょうが、サッカー界においても一番必要なことは「情熱」に尽きると思います。

サッカー界に限らず、スポーツ界全体は、諸問題を抱えつつも、急激な進化を遂げており、色を変えることができずに学ばない指導者は、自然淘汰され現場から去っていったように思うのは私だけでしょうか。

日本人は賢く、南米やヨーロッパの情熱ほどではありませんが、静かなる情熱を持った民族。やがて、この情熱で世界の最前線に躍り出る日も近いでしょう。

戦後の復興をみてもしかり、日常の生活用品、電化製品、自動車産業、ファッション、あらゆる文化が世界水準に達していると思います。

我々日本人は、模倣から創造への切り替えが上手く、先人のたゆまぬ情熱で豊かな生活を享受しています。

私だけが、過渡期と認識しているのかもしれませんが、我々のサッカー界も、やがて世界水準に達することは間違いないでしょう。その中にどんなジャパンズ・ウェイが生まれるか楽しみでもあります。

それでも「水を飲む時、井戸を掘った人のあることを忘れるな」の教えを心していかなければなりません。

今回の出版にあたって、株式会社カンゼン様、編集担当の吉村洋人さんにはこのような機会をいただき大変感謝しております。また、サッカー談義をしたら時間が足りなくなるほど勉強されている女性ジャーナリストの元川悦子さん、いつも新たな情報をいただく富山第一の大塚一朗監督、素晴らしいベンチワークを誇る四日市中央工業の樋口士郎監督にも心より感謝申し上げます。

最期になりますが、こんな私を拾ってくださり、応援して下さった、前国士舘大学理事長・本学園、元学園長・故 佐伯弘治先生。いつも応援して下さる国士舘大学理事長、大澤英雄先生。感謝ばかりで、返謝できずにおりますこと衷心よりお詫び申し上げます。

2018年11月　不尽

流通経済大学付属柏高等学校　サッカー部監督
本田　裕一郎

本田裕一郎

流通経済大学付属柏高等学校 サッカー部 監督

１９４７年静岡県生まれ。順天堂大学卒業後、千葉県市原市教育委員会を経て、75年に市原緑高校サッカー部監督に就任。サッカーとは縁の薄い不毛の地からインターハイに出場する。その後86年に習志野高校に転勤し、福田健二、広山望、玉田圭司らプロ選手を多数輩出する。95年にインターハイで初の全国制覇。２００１年より流通経済大学付属柏高等学校の監督を務め、07年に高円宮杯第18回全日本ユースサッカー選手権大会で全国優勝。08年1月の第86回全国高校サッカー選手権大会及び8月のインターハイも制し、3冠を達成した。

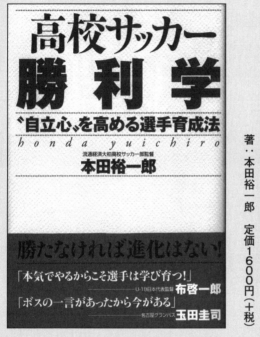

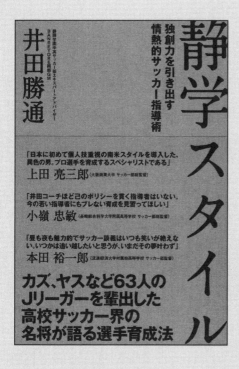

構成	元川悦子
ブックデザイン	山内宏一郎(SAIWAI DESIGN)
DTPオペレーション	松浦竜矢
写真	佐藤博之
イラスト	小林哲也
特別協力	宮沢悠生
編集協力	山本浩之
編集	吉村洋人(カンゼン)

サッカー育成改革論

発行日	2018年12月19日　初版

著者	本田裕一郎
発行人	坪井義哉
発行所	株式会社カンゼン 〒101-0021 東京都千代田区外神田2-7-1 開花ビル TEL 03(5295)7723 FAX 03(5295)7725 http://www.kanzen.jp/ 郵便為替 00150-7-130339
印刷・製本	株式会社シナノ

 ISBN 978-4-86255-495-6

Printed in Japan　定価はカバーに表示してあります。

ご意見、ご感想に関しましては、kanso@kanzen.jpまでEメールにてお寄せ下さい。
お待ちしております。